UM MUNDO À NOSSA ESPERA

TÍTULO ORIGINAL:
Um mundo à nossa espera - Manual de Globalização

AUTOR
Pedro Alvito

CONJUNTURA ACTUAL EDITORA, uma chancela de Edições Almedina, S.A.
Avenida Emídio Navarro, 81, 3D -3000-151 Coimbra - Portugal

REVISÃO
Ana Breda

CAPA
Edições Almedina

DESIGN DE CAPA
Luís Alvito

PAGINAÇÃO
Rosa Baptista

IMPRESSÃO E ACABAMENTO:
????????
setembro 2022

DEPÓSITO LEGAL
???????

Biblioteca Nacional de Portugal – Catalogação na Publicação

ALVITO, Pedro Manuel David Soromenho de

Um mundo à nossa espera: manual de globalização. – (Fora de coleção)
ISBN 978-989-694-693-7

CDU 005

PEDRO ALVITO

UM MUNDO À NOSSA ESPERA

MANUAL DE GLOBALIZAÇÃO

ACTUAL

PREFÁCIO

O processo de internacionalização das empresas é um tema que tem recebido um crescente nível de atenção em Portugal, notavelmente a partir da crise de 2009-2011, durante a qual um elevado número de empresas procurou, em muitos casos com notáveis sucessos, alargar o seu âmbito de atuação geográfica para compensar as quebras de atividade experimentadas no mercado local. Este processo ganhou maior intensidade durante os últimos anos, explicando com isso o considerável incremento do contributo das exportações para o PIB nacional.

Porém, em muitas ocasiões também temos visto como muitas empresas têm tomado decisões pouco felizes sobre esta matéria por não contarem com procedimentos robustos no momento de estabelecer e de ponderar critérios para decidirem como desenvolver as suas atividades internacionais. Critérios que ajudem, por exemplo, a definir que mercados-alvo podem ser atrativos para a empresa; qual deverá ser a estratégia de entrada num novo país; qual será o melhor posicionamento dos seus produtos ou serviços no novo mercado; e como deverá ser organizado o processo de tomada de decisões entre a casa-mãe que «vê o bosque» e a subsidiária que «conhece o terreno».

Estes temas, sempre relevantes, são hoje de uma grande atualidade num cenário internacional caracterizado pelas profundas alterações associadas aos conflitos geopolíticos, derivados da rivalidade entre os Estados Unidos e a China, crescente desde finais da década passada, combinados com os problemas de abastecimento derivados da pandemia de COVID-19 e da guerra na Ucrânia. Hoje, nos principais fóruns internacionais ganha espaço a tese de que estamos perante o «fim da globalização», nos termos assumidos durante os últimos 30 anos, e no início de uma nova forma de comércio internacional, caracterizada por um comércio e um investimento focados predominantemente em âmbitos regionais mais limitados. Uma mudança de tendência que obriga a rever as estratégias atuais e que poderá abrir novas oportunidades para o ressurgimento de algumas indústrias em países que, talvez sendo menos atrativos como *low cost producers*, poderão ser mais capazes de garantir fluxos consistentes e resilientes de produtos e serviços.

Dentro desta difícil realidade, o trabalho do professor Pedro Alvito é um importante e oportuno contributo para trazer clareza à análise e reflexão sobre estes temas. O professor Alvito apresenta uma abordagem que combina, de um modo invulgarmente eficaz, a experiência prática do autor com a claridade conceptual derivada da sua familiaridade com a literatura académica do campo da estratégia internacional. O professor Alvito partilha connosco um grande número de experiências pessoais em distintas dimensões da gestão internacional, de um modo próximo e agradável. Da mesma forma, os múltiplos *insights* que resultam da sua extensa trajetória «no campo de batalha» como administrador e gestor sénior no âmbito da gestão multinacional são reforçados e sistematizados graças ao apoio das lentes conceptuais resultantes de trabalhos de grande reconhecimento académico e impacto no mundo da direção de empresas e da política internacional, de autores como os professores Pankaj Ghemawat, Geert Hofstede e Mike Rosenberg, entre outros. Este *blend* faz deste trabalho uma excelente referência para empresários e diretivos que tomam decisões no âmbito internacional, e para aqueles que querem dar os seus primeiros passos neste apaixonante mundo em mudança.

Professor Adrián A. Caldart

Professor de Direção Estratégica. IESE Business School e AESE Escola de Direção e Negócios

Presidente do Conselho Académico e Diretor da Área Académica de Política de Empresa da AESE

PRÓLOGO

O êxito está em ter êxito, e não em ter condições de êxito. Condições de palácio tem qualquer terra larga, mas onde estará o palácio se não o fizerem ali?
Fernando Pessoa, *Livro do Desassossego* por Bernardo Soares

Este livro resulta de 13 anos de experiência na área internacional e de um trabalho profundo de análise daquilo que mais se escreve e se diz sobre processos de internacionalização.

Desenvolvi a minha atividade em países como a Espanha, a França, a Inglaterra, a Suíça, a Alemanha, a Bélgica, a Holanda, a Áustria, a Rússia, o Brasil, a Argentina e, mais recentemente, no Dubai e em Macau. Uma experiência alargada, dirão alguns, muito pouco global, dirão outros, mas quis aqui explicitá-la porque, seja pouca seja muita, trata-se da minha experiência pessoal, e é a que irei utilizar na elaboração dos meus exemplos. Em muitos casos, também é um livro de memórias e sobre a vida, pois julgo que aplicar a experiência pessoal à abordagem teórica enriquece e valida a mesma.

Infelizmente, a experiência ganha-se fazendo, não existe por antecipação. Podemos estudar, analisar tudo corretamente, prepararmo-nos de forma exaustiva, mas a surpresa sempre acontece. Termos consciência disso já é uma vitória, porque o pior é não estarmos preparados para a surpresa e acharmos que a razão está do nosso lado, do lado da nossa cultura e da nossa experiência vivida. Por vezes, mais do que negar a evidência, é perigoso negar a surpresa da diferença que existe e que qualquer trabalho de internacionalização nos traz. Sermos surpreendidos faz parte do processo, mas termos a capacidade de processar essa diferença também. Muito do sucesso, ou insucesso, advém daí, de saber minimizar o risco da surpresa.

Vivemos numa época onde, nas nossas empresas, fazemos análises detalhadas e comparativas, investindo tempo de processamento e de análise tantas vezes exagerado para comprar o mais simples computador ou até para decidir sobre que empresa de limpeza escolher. E quando toca à internacionalização? Que análises fazemos, que locais analisamos, e que caminhos traçamos? Frequentemente, somos levados pelo *feeling*, que é o mesmo que dizer pelo nosso palpite ou «gosto» pessoal. É o país que conhecemos, é a língua que falamos, é para onde as empresas dos nossos amigos foram, é porque a moda é ir para o país *x* ou *y*, ou até porque é lá que gostamos de passar férias. Conheço todos estes casos. Mas analisar profundamente a situação é coisa rara e a razão é simples: desconhecemos como podemos fazê-lo. Que análises devem ser realizadas, o que devemos ponderar e como o podemos fazer, maximizando os resultados e minimizando os riscos?

Existem várias formas de o fazer, e cabe ao gestor essa tarefa. É este o objetivo deste livro, permitir que cada um possa analisar aprofundadamente o seu processo de internacionalização, aproveitando as melhores oportunidades e diminuindo o risco.

Questões como o que leva uma empresa a procurar o mercado externo, quais os meios de que necessita para o fazer e qual a análise de como o fazer são aqui abordadas exaustivamente recorrendo a muitos exemplos práticos da minha experiência pessoal.

Analisar um país de acordo com as suas características culturais, o seu modo de fazer negócios, as especificidades administrativas e institucionais, as suas características geográficas, e nunca descurando a sua especificidade em termos económicos, como país e como povo, permite traçar um quadro de referência muito útil para melhor conhecer cada caso. Não nos podemos esquecer de que tudo aquilo que pudermos analisar previamente vai permitir diminuir o risco de insucesso e facilitar o trabalho de campo. Não eliminamos nunca o risco, mas pelo menos ficamos a conhecê-lo um pouco melhor.

Um processo de internacionalização implica riscos e muitas surpresas, e ninguém pense que vai encontrar um processo perfeitamente linear. Temos de nos preparar para a diferença inesperada, para o confronto com o desconhecido e, muitas vezes, para situações que nos parecem totalmente incompreensíveis para a nossa forma de julgar.

CAPÍTULO 1
Introdução

1.1 Lisboa, centro da primeira era da globalização

Sendo a globalização um tema tão em voga nos dias de hoje, somos muitas vezes levados a crer que se trata de algo recente. Facilmente a identificamos como sendo um fenómeno crescente, impulsionado pela democratização das viagens, dos meios de comunicação, da Internet e dos fenómenos culturais cada vez mais uniformizados pela moda e pelo consumo.

Curiosamente, vi há dias um episódio de um documentário de 2018 produzido pela BBC e apresentado por Simon Schama, Mary Beard e David Olusoga, baseado na série *Civilisations*, dos anos 1960, do historiador de arte Kenneth Clark, que mostrava um quadro de um pintor neerlandês do século XVI que retratava a Fonte do Rei, situada na Rua Nova dos Mercadores, em Lisboa. David Adetayo Olusoga, historiador e professor de História Pública na Universidade de Manchester e apresentador do documentário, refere a determinada altura que o quadro retrata Lisboa no auge do império global português. Mas, o que tem o quadro de especial? Segundo ele, o mais impressionante são as pessoas; Lisboa aí representada mais parece uma qualquer capital do século XXI. Como Portugal se expandiu pelo mundo, o comércio em termos globais deslocou-se para Lisboa e estima-se que, na altura, um em cada dez habitantes da cidade fossem africanos. E o espantoso é que os africanos retratados no quadro aparecem a representar as mais diferentes classes sociais. Eles são aguadeiros e escravos (havendo também escravos brancos), criminosos a serem presos, transportadores de pessoas em barcos no Tejo, pessoas abastadas, e também está lá representado um cavaleiro da Ordem de Santiago. Lisboa aparece (segundo o autor do documentário) como um mundo de que já nos esquecemos — o centro do primeiro império global; Lisboa, o centro da primeira era da globalização.

FIGURA 1 — *CHAFARIZ D' EL-REY*, PINTURA FLAMENGA DO SÉCULO XVI QUE FAZ PARTE DA COLEÇÃO BERARDO

Este quadro, que se reveste de uma importância enorme em termos históricos, vem também alertar-nos para uma questão que é central em termos de gestão. Afinal, o que é a globalização?

A preocupação de gerir as grandes diferenças existentes entre os mais variados países e culturas é a função mais importante da gestão internacional. Entender e gerir as diferenças faz sentido apenas para que o todo seja sempre maior do que a soma das partes. É, pois, neste contexto que nos apercebemos de que a globalização como um todo está longe de ser uma realidade; o que temos são sobretudo diferenças que importa conhecer e aproveitar. E essas diferenças são de vária índole, as quais, devidamente geridas, nos permitem maximizar a nossa atividade, mas que, indevidamente ignoradas, geram problemas e, muitas vezes, a própria destruição do negócio.

1.2 Acrescentar valor

Por tudo isto, qualquer empresa que se queira internacionalizar ou tornar mais global deve ter em mente esta pergunta: Vou acrescentar valor? E ao mesmo tempo, deve saber responder a esta questão: Porquê internacionalizar?

Colocando as coisas assim, a resposta parece óbvia e quase não merece o esforço de ser respondida. Porém, o grande problema de base reside exatamente aqui. A complexidade e a incerteza das grandes decisões estratégicas ao nível global levam a que não sejam fundamentadas e, portanto, são tomadas atendendo mais a fatores emotivos do que racionais. E, desta forma, o processo de internacionalização faz-se porque sim, porque conhecemos alguém que o fez e está a ganhar dinheiro com isso, porque escolhemos o país com base na língua que falamos (ou não falamos), por causa da proximidade geográfica ou até simplesmente por causa da preferência do destino de férias. Quando olhamos para os tradicionais países de internacionalização das empresas portuguesas temos Espanha, Angola e o Brasil. Porquê? É fácil de perceber. O mais grave é que fazemos análises de custo-benefício complexas, pedindo propostas a vários fornecedores para comprar, por exemplo, uma fotocopiadora, mas avançamos pelo impulso/*feeling* nas grandes decisões. E a grande pergunta fica por responder: Vamos de facto acrescentar valor? Onde está o nosso valor?

Um erro muito comum é pensar que um processo de internacionalização é a forma fácil de tentar resolver as nossas dificuldades e as nossas deficiências do país de origem, sejam elas de natureza financeira ou comercial. O problema não está no nosso mercado, nem nos nossos clientes nem nos nossos funcionários nem mesmo nos fornecedores. O problema está sempre na nossa empresa, e a fuga para a frente nunca é solução, mas quase sempre uma forma de antecipar um fim já previsível.

Em que é que a minha empresa marca a diferença no mercado? O que é que a distingue da concorrência, e o que é que faz que os nossos clientes a procurem e a recomendem? Este deve ser o motor de arranque de qualquer processo de internacionalização. Se somos realmente bons em alguma coisa, então vale a pena olhar para fora.

1.3 Três bases para o sucesso

Afinal, o que levou Cristiano Ronaldo, a Nestlé, a Apple, Salvador Dalí ou os Rolling Stones a ter muito sucesso internacional? A resposta é simples e até evidente — serem muito bons naquilo que fazem! Esta quase-verdade de La Palice tem em si uma sabedoria muito especial e devemos todos aprender com ela. O «ser muito bom» é a base do sucesso, mas o importante é aquilo que fazem: cada um tinha a sua especialidade e nenhum mudou aquilo a que se dedicava para se tornar internacional. Provavelmente, Ronaldo seria um fracasso se fosse guarda-redes, e decerto os Rolling Stones não teriam tido o mesmo sucesso se cantassem ópera, nem a Nestlé se fizesse telemóveis ou a Apple se passasse a vender comida para bebés.

Estou obviamente a exagerar, mas, a verdade é que muitas empresas, quando se internacionalizam, esquecem-se disto, e em vez de se preocuparem com aquilo que lhes dá o fator competitivo, ficam deslumbradas com o mercado para onde vão. Ter um fator de diferenciação que possa ser a base de uma criação de valor é o primeiro aspecto essencial para o sucesso de um processo de internacionalização.

O segundo elemento essencial é ter dinheiro. Novamente, parece óbvio. Diz o provérbio «quem não tem dinheiro não tem vícios». Infelizmente, muitas empresas pensam que internacionalizar é faturar e receber dinheiro, e por isso morrem na praia (ou, muitas vezes, ainda no mar...) por falta de capital para um investimento que é longo, desgastante e com frequência de retorno pouco tangível. No caso português, este fator é decisivo, porque dificilmente internacionalizamos para um país ou um mercado da nossa dimensão ou inferior. Malta, Andorra, o Mónaco, a Suíça, a Bélgica e os Países Baixos não são destinos habituais das empresas portuguesas (embora as haja com muito sucesso nesses mercados). Por isso, as necessidades de capital para investir são altas, além de que as necessidades de fundo de maneio são um assunto bastante negligenciado.

Um terceiro aspecto fundamental é ter pessoas. Um processo destes faz-se com pessoas, muitas pessoas, e principalmente com as melhores. Não é apanágio das empresas portuguesas terem recursos humanos em excesso, mas não deverão ser os recentemente contratados a ficar à frente de um processo de internacionalização. Razão? Voltamos ao que foi referido atrás. Quem sabe como se fazem as coisas bem? Quem conhece o negócio e a cultura da empresa? São exatamente os melhores e aqueles que estão imbuídos da cultura da empresa que são fundamentais para este processo. É evidente que, se vão, não podem continuar a fazer o trabalho que faziam antes. É, pois, um processo que tem de ser muito bem estudado, para que, de repente, não tenhamos uma empresa sem cultura, sem visão estratégica e, pior ainda, com recursos humanos desgastados.

Resumindo, temos assim três aspectos fundamentais num processo de internacionalização: *(i)* um fator diferenciador claro; *(ii)* capacidade financeira; e *(iii)* recursos humanos capazes, conhecedores e com iniciativa.

1.4 Como avaliar

Existem métodos de avaliação *a priori* de um processo de internacionalização, sobre como fazê-lo, para onde ir, etc. Não é nem pode ser um processo arbitrário. Tem obviamente de obedecer a regras que, na maioria dos casos, ajudam a que o processo seja desenvolvido com maiores garantias de sucesso. É isto que vamos analisar agora, com vários exemplos práticos, socorrendo-me da minha experiência pessoal. Como todas as experiências, a minha é única, subjetiva e pessoal, mas permite dar um enquadramento que facilita a perceção das alternativas e das formas de abordar este processo.

Em muitos aspectos, vou seguir a linha defendida por Pankaj Ghemawat, professor na NYU Stern & IESE. Ghemawat foi o mais jovem «guru» incluído, em 2008, no guia dos maiores pensadores de gestão de todos os tempos pelo *The Economist*.

Como acrescentar valor ao negócio com a internacionalização e quais as rasteiras a evitar; como analisar as diferenças entre países através do modelo CAGE; e, por último, como adaptar o meu negócio como estratégia de entrada compõem a metodologia a ser seguida ao longo deste livro.

CAPÍTULO 2
Como acrescentar valor

2.1 Aumento de volume

A razão mais apontada para acrescentar valor à empresa através da internacionalização é aumentar o volume. Vender mais é sempre apetecível e, naturalmente, a procura de novos mercados visa sempre o aumento das vendas. Mas qual é o acréscimo real da rentabilidade do negócio relativamente a esse aumento das vendas? E qual é o impacto real do custo de capital? Temos, de facto, economias de escala em termos nacionais e internacionais, quer da empresa quer do negócio quer ao nível dos clientes? Que outros impactos existem na empresa ao nível das vendas e dos ativos pelo aumento do *turnover*? Será que vamos ter exatamente a mesma relação entre o capital e a mão-de-obra? Qual é o nível de formação da mão-de-obra existente no país ou países para onde vamos? Será possível usar o mesmo nível tecnológico? Quais as implicações em termos de rentabilidade?

Ao contrário do que somos levados a crer, não se trata apenas de uma conta de somar. Vários aspectos são passíveis de ser analisados e darem resultados diferentes. É importante fazer uma análise em que todos os elementos sejam observados, e não ficarmos por uma análise meramente circunstancial do simples aumento de volume. Os efeitos são muitos. Há que estudá-los e avaliá-los.

2.2 Redução de custos

Não só se ganha valor aumentando as vendas, como também muito se pode ganhar pela redução de custos. Neste caso, a análise tem de ser muito fina, englobando não só uma verificação custo a custo, mas também decompondo cada custo nos seus diferentes componentes e verificar o impacto real. Não nos podemos basear numa simples projeção dos nossos custos atuais, tanto mais que estamos num mercado diferente com custos forçosamente distintos.

É importante averiguar também os custos necessários à adaptação ao novo mercado. Mas atenção, as matérias-primas, os custos de importação, os custos de pessoal e os custos de capital devem ser analisados profundamente. Relativamente aos custos de pessoal, deve-se pensar em todos os seus componentes e requisitos legais. Enquanto, por exemplo, em Portugal se consegue trabalhar 24 horas por dia e 7 dias por semana com quatro turnos, em muitos países tal só é possível com cinco turnos. Só por isto, os custos de pessoal sobem 25%. Não esqueçamos também os custos de deslocação de pessoas, que se refletem dos dois lados da operação. Taxas de importação e de exportação de equipamentos, de matérias-primas e de capitais podem ter efeitos desastrosos, ou não, bem como as taxas e as comissões bancárias. E o que dizer das diferenças ao nível fiscal?

Um aspecto muitas vezes ignorado tem que ver com os custos de transferência. Quando numa empresa todos os negócios são feitos com a mesma base societária, este assunto é muitas vezes otimizado. É comum existirem serviços centrais (contabilidade, recursos humanos, assessorias várias) que trabalham para todas as empresas do grupo e cobram os serviços prestados, aproveitando muitas vezes para beneficiar quanto a impostos e tendo outras vantagens de natureza fiscal. Ocorre também muitas vezes a transferência de matérias-primas, de produtos intermédios e até de produtos finais entre empresas do grupo, em que a lógica de preço é, frequentemente, de minimização de custos fiscais. No entanto, se existem outros sócios num determinado país esta questão complica-se, pois dificilmente um sócio minoritário irá deixar passar estas transferências, por mais corretas que sejam, sem uma análise profunda, e a empresa terá de ter o máximo de cuidado e transparência neste assunto para evitar conflitos internos.

2.3 Diferenciação e capacidade de consumo

Outra das áreas importantes para analisar tem que ver com a diferenciação do nosso produto ou serviço e a capacidade do mercado para a avaliar. Mais importante do que olhar para o nosso preço, é compreender quanto é que o mercado está disposto a pagar pelo produto. É o exemplo clássico de vender água no deserto; a escassez faz claramente subir o preço que se está disposto a pagar. Outros exemplos bem conhecidos são o vinho ou o perfume francês, os produtos da loja Harrod's, em Londres, ou, mais simplesmente, a diferenciação de preços da Zara consoante o país. Isto acontece com muitos produtos e serviços. Pode igualmente acontecer, em termos de preço, precisamente ao contrário e estarmos perante uma situação em que o novo mercado não está sequer disposto a pagar o preço a que habitualmente vendemos no país de origem. Conhecer bem o mercado para onde vamos ajuda-nos a melhor nos colocarmos nele em termos competitivos.

É, pois, imprescindível segmentar bem o mercado.

Recordo-me de como há vários anos no Brasil se olhava — e ainda olha — para o azeite português, como se fosse ouro enlatado. Vendido em latas, era usado nos restaurantes com um furo feito por uma agulha — saía finíssimo. Quando pedíamos azeite para a mesa, o empregado ficava ao nosso lado a «controlar» a quantidade que colocávamos...

2.4 Aumentar a capacidade de negociação

Estar presente em vários mercados permite, naturalmente, uma maior visibilidade e um melhor conhecimento do mercado global, além de que a capacidade de negociação junto de clientes e fornecedores aumenta. É possível negociar mais e melhor, quer na compra de matérias-primas quer do lado da venda de produtos e serviços quando se trabalha com clientes internacionais. Todavia, é preciso saber utilizar esta nova ferramenta e esta maior presença no mercado e é preciso aprender com elas. Esta aprendizagem é difícil de medir em termos de resultados, mas eles existem e devem ser tidos em conta. A empresa atinge, assim, um patamar superior em que a sua posição face à concorrência pode sofrer alterações que não só serão claras no mercado de destino, como se repercutirão no país de origem e em todos aqueles onde a empresa trabalha.

2.5 Análise de risco

De que forma o risco da minha atividade é afetado? Aumenta ou diminui?

Ao diversificar geograficamente, naturalmente estou a diminuir o risco de concentração da minha atividade. Deixo de estar dependente do facto de «ter os ovos todos no mesmo cesto». Paralelamente, corro outros riscos porque chamo a atenção da concorrência e não adianta pensar que ela não vai responder. E o que dizer dos riscos de fornecimento e de contratação? Será que a única mão-de-obra disponível e com o perfil necessário está na concorrência? E qual o efeito do maior consumo no preço das matérias-primas? Exemplos disto e com os quais temos muito que aprender são a Uber e o Mercadona. A entrada de qualquer destas empresas em Portugal fez-se com uma análise ampla e minuciosa do risco, em ambos os casos completamente assumido e até utilizado como fator de divulgação do negócio. É importante ter perfeita consciência do impacto a todos os níveis que a nossa entrada num novo mercado vai ter.

Tenho memória de um gestor de um banco português que, quando conversávamos sobre o nosso processo de internacionalização, me perguntou se isso significava que íamos deixar de investir em Portugal. Até no caso da imagem da empresa e daquilo que fazemos temos de ter cuidado o suficiente para que aquilo que passa para o mercado seja o mais próximo possível da realidade. Imagine-se o que pensariam os nossos clientes em Portugal se se divulgasse a ideia de que, por nos internacionalizarmos, estávamos a deixar de investir no mercado português.

Os riscos de ter atividade num país ou noutro não são os mesmos. Aquilo que é uma atividade normal num país pode tornar-se um pesadelo noutro. Esta notícia da *France Press*, publicada em 28 de julho de 2014, é um bom exemplo disso: «As autoridades chinesas fecharam na semana passada a fábrica Husi Food, filial chinesa da produtora de alimentos americana OSI, suspeita de vender carne estragada a grandes empresas de *fast-food*, incluindo McDonald's, KFC e Pizza Hut.» Quem se procurava atingir com esta atitude? As palavras-chave, neste caso, são «suspeita», «americana» e «McDonald's, KFC e Pizza Hut.» É evidente que estamos perante uma situação extrema, mas muito real. Nem sempre «as armas» são as mesmas, e temos de conhecer bem o mercado e os seus riscos específicos.

Outro dos aspectos a ter em conta é o próprio risco do país. Investir em Espanha, em Angola, no Brasil, na China ou nos Estados Unidos da América não é a mesma coisa. Não é possível querer uma rentabilidade do negócio igual nestes países. Se ao investir na bolsa compro ações de maior risco, pressuponho a possibilidade de obter um maior ganho, e vice-versa. Nos negócios tem de ser igual. Em países de grande flutuação económica esse efeito tem de estar refletido na rentabilidade do negócio, senão à mínima variação a empresa fica fora do mercado. Infelizmente, muitas empresas ignoraram este ponto e por isso várias delas falharam os seus investimentos, por exemplo, nos mercados brasileiro e angolano.

Um risco que muitas empresas ignoram e desvalorizam é o risco reputacional, que hoje em dia também versa áreas sensíveis como a ética e a sustentabilidade. O falhar ou ter qualquer tipo de revés numa operação internacional, além de poder pôr em risco a empresa como um todo financeiramente, pode igualmente afetar a sua reputação no mercado de origem e em todos os países onde a empresa trabalha; ou seja, falhar ao nível internacional implica riscos de sobrevivência gravosos. «Quem mais alto subir de mais alto vai cair» é um dito popular que muito bem se aplica a esta situação. O mundo é cada vez mais global, e um problema vivido numa parte do mundo vai afetar diretamente os clientes, mas também os fornecedores e outras instituições em todos os países onde a empresa esteja inserida.

2.6 Aquisição de conhecimento

Muitas vezes, a forma como fazemos o negócio é tão diferente que se torna um fator decisivo de diferenciação noutro país. O exemplo português do Grupo Jerónimo Martins na Polónia é excelente neste aspecto. A Biedronka demorou tempo a implantar-se, perdeu muito dinheiro, mas o sucesso esteve sobretudo no conceito de negócio que pura e simplesmente não existia nesse país. Hoje, é a maior cadeia de supermercados da Polónia porque avançou primeiro, com capacidade de investimento, num mercado completamente atomizado.

Por outro lado, existe todo um fator de aprendizagem que é possível retirar do modo de fazer as coisas no país de destino que pode também ser implementado ao nível do negócio nacional. A transferência de conhecimento é algo bilateral, que, pelas suas características, é naturalmente difícil de avaliar quantitativamente, mas revela-se poderoso em termos de resultados e de crescimento.

Deve também haver alguma atenção sobre este aspecto em relação aos sócios minoritários. Que conhecimento poderemos estar a difundir e que poderá ser usado contra nós? Em muitos países é comum os sócios locais (muitas vezes com ligação ao governo desses países) aprenderem a utilizar os conhecimentos da empresa-mãe e depois tomarem conta dessa empresa, ficando com a maioria do capital e com o conhecimento. É um caso muito típico em investimentos feitos na China, onde, pelo facto de a lei obrigar a produção a ser feita no local impedindo importações, se fomenta a transferência de *know-how* especializado que mais tarde se reverte contra a própria empresa que o faculta.

CAPÍTULO 3
As distâncias importam. O modelo CAGE

O modelo CAGE baseia-se no princípio de que as distâncias entre países podem e devem ser analisadas e avaliadas em quatro eixos fundamentais: as Culturais, as Administrativas, as Geográficas e as Económicas. São estas quatro grandes áreas que marcam as diferenças entre os países e é com base nelas que podemos e devemos analisar todo o processo de internacionalização.

Procurei agrupar muitas destas situações em vários exemplos vividos por mim em diversos países que decerto permitirão entender melhor cada um destes casos.

3.1 As distâncias culturais

Em termos teóricos podemos definir as diferenças culturais como as crenças, os valores e as normas não-escritas que modelam o comportamento dos indivíduos e das organizações. Podemos assim agrupá-las em:

- ✓ Língua;
- ✓ Valores;
- ✓ Normas sociais;
- ✓ Crenças religiosas;
- ✓ Raça/Étnicas;
- ✓ Diferença de abordar o poder de mercado e a globalização.

3.1.1 A QUESTÃO DA LÍNGUA

Portugal, Brasil e Angola, assim como vários outros países, falam a mesma língua, o português, ou assim somos levados facilmente a crer... No entanto, no dia-a-dia das empresas, nada há de mais enganador.

Analisemos o caso do Brasil.

A independência deu-se em 1822, faz agora 200 anos. Desde essa data, a língua portuguesa sofreu atualizações. Basta pensarmos em tudo o que nos rodeia e que foi inventado nestes dois séculos — é de facto muita coisa! A todos esses conceitos, cada país, segundo as suas influências culturais, foi atribuindo nomes. O Brasil sofreu a influência cultural norte-americana, e Portugal teve uma influência fortemente francesa no século XIX, substituída posterior e progressivamente pela anglo-saxónica.

Em resultado destas transformações, aconteceu que o nosso engenheiro português que enviámos para comandar a fábrica no Brasil não se entendia com os seus trabalhadores porque nenhum nome na fábrica ao nível dos componentes, das peças, das ferramentas, fosse do que fosse, era igual. Não me refiro apenas ao almoxarifado ser o armazém, ou a calote de uma peça de plástico ser a cebola, tudo ao nível das máquinas tinha um nome diferente, o que dificultava qualquer instrução ou um simples ato de manutenção. Numa outra perspetiva, o meu papel em termos administrativos também não estava simplificado porque tudo tinha, e tem, um nome distinto: xerox para fotocópia, isopor para esferovite, grampeador para agrafador, ou pincel atómico — imagine-se — para um marcador fluorescente.

O risco de a comunicação falhar por diferenças na linguagem torna-se, assim, elevado. E o maior problema é que muitas vezes a barreira cultural da distância é difícil de romper para dizer simplesmente: «Não entendo o que quer dizer.»

Outro aspecto relacionado com as línguas é tipicamente português. Todos achamos que «falamos» espanhol, algo de inglês e até de francês. É verdade, mas não chega. Perante uma negociação que envolve pessoas de diferentes países e línguas, ou uma discussão de um contrato, o caso muda de figura. Não basta saber qualquer coisa, é preciso falar bem. Muitas das empresas, curiosamente, avançam para países onde o dono é fluente na língua. É uma valência muitas vezes ignorada, mas até num processo de expatriação este aspecto é fundamental. Só pode ir quem fala a língua. Tenho noção de que no meu caso foi uma mais-valia que me abriu muitas portas e permitiu à empresa crescer. Sei que é assim em muitos mais casos de internacionalização de empresas portuguesas.

3.1.2 Os valores

Também no Brasil vivi uma experiência muito rica por aquilo que me ensinou.

O nosso responsável administrativo e financeiro tinha uma funcionária na sua dependência que lidava com a parte contabilística. Um dia, necessitei de umas informações e fui pedir-lhas diretamente. Será da opinião geral que isto não tem nada de extraordinário, pois é algo extremamente comum em Portugal. Mas, mais tarde, o tal responsável e chefe dela dirigiu-se a mim desagradado com a situação, mas percebendo, felizmente, que era uma questão cultural. Para a funcionária, o que eu tinha feito era inaceitável e colocava-a numa posição muito desconfortável, dado que ao pedir-lhe as informações, passando por cima do seu chefe hierárquico, das duas opções uma: ou eu estava a passar um atestado de incompetência ao chefe, ou eu não confiava nela e queria testá-la.

Em Inglaterra, por outro lado, entrevistei uma responsável de recursos humanos, para a contratar. No final, pediu-me a descrição de funções. Ao princípio, estranhei e expliquei o que pretendia do seu desempenho e da função.

— Sim, sim. Mas por escrito! — respondeu ela.

Em Portugal, se eu apresentar uma descrição de funções por escrito a um funcionário, o primeiro sentimento dele é de recusa, achando que estou a querer controlá-lo e a criar razões para mais tarde o despedir. No caso inglês, o funcionário quer pura e simplesmente saber como será avaliado e quais são as suas funções ao pormenor, para saber exatamente como as desempenhar. É evidente que, no futuro, não poderemos questioná-lo sobre assuntos que não são da sua responsabilidade, o que nos obriga a ser completos nas descrições que fazemos, mas atenção: não esperemos nunca que venham a fazer algo mais do que aquilo que está descrito. À afirmação de que é obvio que faz parte da função, virá a resposta «Se é obvio, deveria estar escrito.»

Infelizmente, em Portugal, este processo de nada escrever, muito difundido, serve apenas para mais tarde moldar os acontecimentos à nossa própria vontade. Ser-se frontal, linear e não ultrapassar as hierarquias, respeitando as responsabilidades de cada um, são valores que muito me ensinaram estes casos e estes países.

3.1.3 As normas sociais

Neste aspecto, bastante se pode contar e dizer, desde o hábito japonês de entregar qualquer coisa sempre com as duas mãos até à forma de se sentar a uma mesa de reuniões. No Ocidente, respeitam-se as hierarquias, quer nos lugares quer com quem se fala, ao passo que, no Oriente, o que define a forma de sentar e a condução da reunião é o assunto em si, ou seja, quem se senta no lugar principal e quem dirige a reunião é aquela pessoa diretamente responsável pelo assunto. Este facto leva a muitas confusões sobre quem é de facto a pessoa hierarquicamente superior.

Todos reconhecemos como em Portugal o título de doutor é reverenciado. Todos somos doutores e fazemos questão de ser tratados assim. No Brasil, estive reunido com o responsável da empresa de informática que nos ia propor uma solução de informatização do escritório. Fiquei de visitar as suas instalações da próxima vez que estivesse em São Paulo. Umas semanas depois, fui conhecer a empresa. Era um escritório completamente em *open space* com um gabinete ao fundo. A pessoa com quem eu ia ter a reunião tinha mais de 1,80 metros e pesava muito acima de cem quilos. O tamanho e a figura impunham respeito. Admirava o escritório quando ouço um grito vindo do fundo da sala.

— Pedrão, você voltou!

Fiquei petrificado, nunca imaginando que «Pedrão» se referia a mim próprio... O que resulta desta história é perceber que o respeito deste responsável por mim, em termos hierárquicos, era enorme, mas a forma «carinhosa» de me tratar era meramente uma questão cultural.

3.2 As distâncias administrativas

Podemos olhar para estas diferenças sob várias perspetivas.

★ Relação histórico-política entre países que afeta profundamente o comércio:
  ✓ Ligações coloniais;
  ✓ Acordos de comércio livre;
  ✓ Estado das relações.
★ Especificidades administrativas;
★ Política local;

★ Fraqueza das instituições;
★ Níveis de corrupção.

3.2.1 O peso da história

O caso português é um exemplo fantástico de como o peso da história afeta o relacionamento entre países.

A preferência pelos relacionamentos com os PALOP, o Brasil e com os países da União Europeia são a demonstração plena de como antigas ligações coloniais e os acordos de comércio livre podem ser facilitadores de uma relação comercial entre países. Por outro lado, o estado das relações entre países afeta naturalmente o comércio.

Importa dizer que todos estes aspectos podem funcionar pela positiva ou pela negativa. Muitos são os países que têm relações muito conturbadas com as suas ex-colónias, e o peso do passado muitas vezes torna-se um fator de desconfiança difícil de ultrapassar. Em contrapartida, existem diversos acordos específicos entre estes países que são largamente facilitadores do comércio.

Foi com uma certa estranheza (e até alguma dose de orgulho) que várias vezes no Brasil me chamaram europeu. É daquelas verdades de que nos lembramos pouco, mas que, para eles, é sinónimo de cultura, história e conhecimento multigeracional.

Em Espanha, mais propriamente em Madrid, vivi uma experiência única. Numa reunião numa instituição bancária, o meu colega, e amigo, espanhol Javier e eu estávamos com três diretores do banco. Como era a primeira vez que estávamos com eles, apresentaram-se. «Chamo-me Juan e sou da Catalunha», disse o primeiro. «Sou Pablo e sou de Madrid», continuou o segundo. E finalmente o terceiro apresentou-se, «Diego de Sevilha». A demarcação regional ficou logo ali bem frisada, não só para nós os dois mas principalmente entre eles!

3.2.2 Especificidades administrativas

Poderia enumerar todo o tipo de leis, regulamentos e diferenças variadas que podemos encontrar nos diferentes países: por exemplo, a contabilidade no Brasil, nos EUA e em Portugal não é a mesma coisa; e a fiscalidade também não.

Por princípio, digo que é sempre bom desconfiar dos países que têm Federação, Confederação, União ou Unidos no nome, pois tal referência quer dizer que são compostos por vários Estados não só com legislações e fiscalidades diferentes, mas muitas vezes com impostos entre esses Estados. O Brasil é a República Federativa do Brasil; a Rússia é a Federação Russa; o Dubai pertence aos Emirados Árabes Unidos; a Suíça é a Confederação Helvética; e temos ainda os Estados Unidos da América, entre muitos outros países. Em todos estes exemplos temos legislações de natureza fiscal, ambiental, de recursos humanos, e muitas outras, distintas entre Estados. A importação de qualquer equipamento de grande porte para o Brasil, além de ser uma dor de cabeça administrativa e fiscal, vai desembarcar normalmente no Porto de Santos e pagará impostos por cada Estado brasileiro por onde passe até ao seu destino.

O mais complexo nestes processos de internacionalização é termos a capacidade de estarmos atentos às diferenças que não imaginamos que existem, tendo a capacidade de esquecer aquilo que aprendemos no nosso país e estando disponíveis para conhecer e perceber as diferenças que possam existir.

3.2.3 Política local e fraqueza das instituições

A questão política é aquela que talvez seja mais fácil de apreender. O regime político, a estabilidade desse regime, o peso das instituições mais diversas, como sejam os sindicatos, as associações ecologistas, os *lobbies* mais diversos, a existência ou não de cartéis, quer na compra quer na venda, e até a força da religião e de outras instituições são aspectos a ter em conta para a realização de negócios com qualquer país.

Recordo-me do caso de Marrocos, em que para se concretizar qualquer negócio o rei assume 51% do negócio. Desiluda-se quem pensa que o rei entra com capital... A principal razão apontada é impedir a saída de investimento estrangeiro, criando assim um obstáculo à saída.

3.2.4 A questão da corrupção

Existem atualmente formas de obter todo o tipo de análises e informações sobre os países. Podemos, por exemplo, analisar o relatório do World Economic Forum precisamente sobre a questão da corrupção nos mais diversos países e termos assim um nível de informação mais adequado sobre o mercado que vamos analisar ou até enfrentar.

GRÁFICO 1 — CONFIANÇA NO GOVERNO E ÍNDICE DE PERCEÇÃO DE CORRUPÇÃO, EM ECONOMIAS SELECIONADAS (TRUST IN GOVERNMENT AND CORRUPTION PERCEPTION INDEX, SELECTED ECONOMIES)

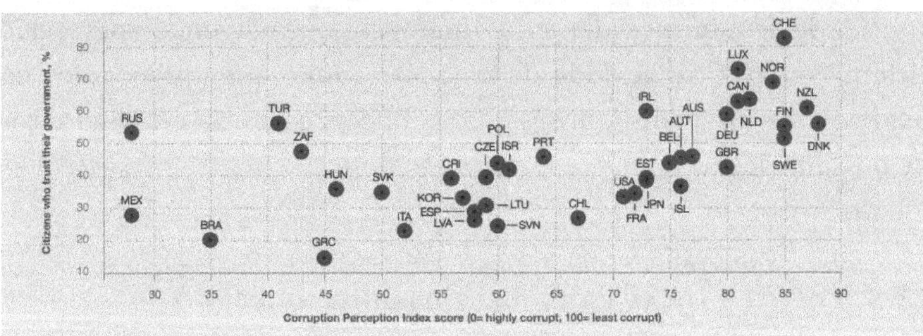

Fonte: *The Global Competitiveness Report – Special Edition 2020*. World Economic Forum.

Estes são dados reais que muito nos podem ajudar num processo de tomada de decisão que se pretende ser o mais informado possível.

Uma das viagens que guardo como a recordação mais incrível é a minha ida à Rússia — tanta coisa para contar e tanta coisa para refletir numa única viagem!

A viagem tinha como destino uma cidade de nome Samara, que na altura tinha a particularidade de não constar nos mapas, por uma simples razão: nessa cidade tinha estado concentrada toda a produção aeroespacial russa, toda a produção automóvel e toda a produção de armamento. Foi de lá que Gagarin partiu para o espaço. Para me deslocar até Samara, que era, simultaneamente, a capital de um dos Estados da Federação Russa com o mesmo nome, foi necessário um visto especial.

O motivo da minha deslocação tinha por base analisar a possibilidade de um contrato com uma grande multinacional para o fabrico local das respetivas embalagens de plástico. Fui na companhia de um diretor nosso que era polaco mas falava russo e que por razões de ligações aéreas não regressaria comigo, dado que eu teria que fazer uma troca de aeroporto em Moscovo e ele tinha voo direto para a Polónia. Chegámos e ficámos alojados num hotel que não era mais do que quatro quartos num edifício retangular incrivelmente grande e todo cinzento, onde havia salas alugadas a várias empresas, de entre as quais uma agência de segurança privada (cujos funcionários altamente armados metiam respeito) e uma agência funerária.

No primeiro dia de trabalho na empresa conheci o diretor-geral e o diretor de produção: o primeiro, para minha surpresa, só falava russo, e o segundo tinha passado vários anos em formação na empresa em vários países e falava inglês.

Verifiquei, ao longo dos dias em que lá estive, que o tal diretor-geral não fazia mais do que literalmente conversar pelos corredores e tomar café, o que me pareceu obviamente estranho. Quando explicitei na primeira reunião os elementos de que necessitava para efetuar a minha análise da nova operação, referi ao diretor de produção que gostaria de ter uma reunião com o primeiro-ministro da república de Samara, obviamente por recomendação, entretanto levada de Lisboa, dado que para fazer qualquer negócio seria bom ter relações cordiais com o governo local. Este ficou em pânico, saiu da sala e entrou minutos depois com o diretor-geral, que me comunicou em russo que tinha acabado de marcar uma reunião para o dia seguinte com o ministro dos Negócios Estrangeiros. Pensei para comigo que, afinal, o diretor-geral sempre fazia alguma coisa.

No dia seguinte tive um dia absolutamente histórico. Numa sala interminável, com uma mesa igualmente interminável, estava eu e o meu colega polaco, de um lado, e o ministro com o seu tradutor, do outro. Sem pretender exagerar, trocámos cumprimentos oficiais durante cinco minutos. O ministro perguntou-me em que hotel estava, e quando eu, envergonhadamente, lhe indiquei o nome daqueles quartos naquele edifício, a cara dele transformou-se, como se tivesse dito que estava no Burj al Arab no Dubai, ao que me respondeu: «O melhor hotel da cidade!» A verdade é que ele falava a sério!

Seguidamente, perguntou pela minha nacionalidade e quando respondi que era português, ele comentou heroicamente:

— O senhor deve ser o primeiro português a pisar as terras de Samara!

Senti-me, orgulhosamente, como um Vasco da Gama renascido, só me faltando colocar o cruzeiro português no centro da cidade. Mas, sinceramente, acredito que as suas palavras fossem efetivamente verdade. A reunião terminou com uma nova troca de cumprimentos e a certeza de que o governo veria com bons olhos o nosso investimento.

Fazia também parte das recomendações que levava de Portugal ter uma reunião com um certo advogado local que era considerado o melhor no apoio a empresas internacionais e a quem eu poderia fazer «todas as perguntas difíceis».

Simpaticamente convidou-nos para jantar. Foi uma daquelas refeições intermináveis em que, por entre cada prato, se bebeu um *shot* de vodca (tinham-me avisado de que se bebe de um único trago e que isso evita a absorção excessiva de álcool e, portanto, evita que se «caia redondo»). Assim fiz e reparei que olhou para mim em sinal de aprovação.

Ainda hoje tenho o cartão de visita dele. Tem o desenho, a preto e branco, de um barco a afundar, com o lema «Não deixe o seu negócio ir ao fundo, fale primeiro connosco». Altamente inspirador.

No final do jantar enchi-me de coragem e fiz a pergunta que me estava atravessada:

— Existe Máfia? Como é?

As duas respostas foram desconcertantes e esclarecedoras:

— Em primeiro lugar, não tem qualquer problema porque eles passam fatura! — E depois diz-me: — Mas enquanto estiverem sob a proteção do presidente da empresa-cliente, não terão, com certeza, qualquer problema.

Fiz as malas e fui embora. Parti de Samara num aeroporto onde ninguém falava outra língua que não a russa. Era um voo local para Moscovo, num *Antonov*. Ninguém estava nem à janela nem ao fundo do avião. Muitas das portas bagageiras não existiam. Algumas cadeiras estavam partidas, e a cobertura do chão era feita com pedaços de alcatifa cortada aos bocados. Quando levantámos voo, as hospedeiras vendiam maçãs e água. O frio que vinha das janelas era insuportável, e o cheiro que vinha da casa de banho ao fundo do avião era impossível de suportar, porque não passava, afinal, de um balde no chão. Percebi então a colocação estratégica das pessoas.

Cheguei a Moscovo e tive de trocar de aeroporto. Para tal, explicaram-me pormenorizadamente que tinha de apanhar uma pequena carrinha num determinado local e pagar 5 rublos. Encontrei-a; era pequena, com bancos laterais frente a frente, e tinha o nome do aeroporto para onde eu ia escrito — SHEREMETYEVO DVA. Fixei como se escrevia o nome porque eles usam o alfabeto cirílico e nada vinha escrito em outras línguas. Fiz exatamente o que me disseram e apanhei a carrinha. Quando dou por mim, esta para junto do Kremlin e mandam sair toda a gente. Tinha apanhado a carrinha errada... Neste momento de pânico em que ninguém me ligava nenhuma apesar das minhas perguntas, aflito porque eu não tinha visto para andar em Moscovo, aparece-me um homem aos gritos a dizer num inglês estranho: «Me táxi Sheremetievo Dva», que era o nome do aeroporto e do terminal. Pediu-me 20 dólares. Enfiou-me num *Skoda* velhíssimo e cheio de lixo no interior e acelerou. Mostrei-lhe a nota de 20 e fiz menção de lha entregar quando chegássemos. Ele acelerava o que o carro conseguia. Ao longo do caminho fui percebendo que as placas indicavam o aeroporto. Era a única palavra que eu sabia como se escrevia em cirílico. Compreendi também que o meu taxista estava apavorado de que eu o enganasse e não lhe pagasse. Chegámos, entreguei-lhe o dinheiro e fiquei com a sensação plena de que para aquele pobre homem lhe tinha saído a sorte grande. Já eu, senti, naquele momento, que Deus olhou por mim de uma forma muito concreta e pessoal. Percebi também que, se tivesse desaparecido do mundo naquele dia, nunca ninguém saberia como, quando ou onde.

Entrei no aeroporto, passei o *check-in*, liguei à minha mulher — só aí tinha rede de telemóvel — e disse-lhe: «Estou vivo!»

Chegando a Lisboa, fiz o relatório da viagem e escrevi: «Temos muitos sítios no mundo para trabalhar, não precisamos de ir para lá.»

Esta história já tem mais de 20 anos, e é evidente que cada caso é diferente e que os países mudam no decurso dos anos, mas temos de ter consciência das dificuldades de trabalhar em certos países e do risco que isso acarreta. Também este fator deve ser profundamente avaliado.

3.3 As distâncias geográficas

A questão geográfica é também de fácil identificação, embora muitas vezes nos fiquemos por uma análise demasiado simples das suas implicações. Podemos diferenciá-la do seguinte modo:

★ Distância efetiva;
★ Contiguidade;
★ Tamanho dos países;
★ Distância/existência das fronteiras;
★ Acesso ao oceano;
★ Topografia;
★ Zona horária.

Recordo-me de certa vez levar uma pessoa amiga que vive e é natural da Hungria a conhecer a Foz do Douro, em plena cidade do Porto. Apercebi-me de que tirava imensas fotografias ao mar e pediu-me para lhe tirar fotos a ela nesse fundo. Perguntei-lhe o porquê, pois o mar nem estava particularmente bonito nesse dia. A resposta foi desconcertante para mim:

— Nunca estive tão perto da América. É já do outro lado!

De facto, muitas vezes, a distância é uma questão psicológica. As fronteiras de Portugal são com a Espanha e com o Oceano Atlântico, e na prática temos uma porta aberta para a América e outra para África.

Poucas vezes nos sentimos verdadeiramente europeus. Os Pireneus foram, no passado, uma fronteira geográfica gigantesca, e hoje são-no ainda de forma psicológica.

A topografia, as fronteiras entre países, os oceanos, o tamanho dos países, a diferença horária são muitas vezes obstáculos ou razões de proximidade com muito mais peso do que a distância efetiva. A força de países como a China, os Estados Unidos ou o Brasil advém muito da sua dimensão. Quando alguém diz que vai exportar para esses países, na verdade irá apenas conseguir vender para uma cidade ou uma região. Pensar no mercado como um todo é uma loucura tão grande como dizer que vou vender para toda a Europa.

Lembro-me também de um amigo que, quando começou a trabalhar para uma grande multinacional americana, recebia telefonemas às 5h da manhã da sede nos Estados Unidos a perguntarem porque não tinha ainda respondido ao *e-mail* que tinha sido enviado duas horas antes. Não tinham a mínima noção da diferença horária. Por outro lado, quando estive na Austrália fiquei espantado quando vi um planisfério onde, no centro, estava a Oceânia. Foi difícil orientar-me por aquele mapa. Cada país, e cada povo, coloca-se a si próprio no centro. Importa identificar bem as distâncias geográficas que não são apenas nem mera nem unicamente quilométricas.

3.3.1 O respeito pelo tempo

Outra questão extremamente relevante é a noção do tempo.

Duas histórias passadas em países diferentes fizeram-me compreender melhor como o conceito de tempo pode ser tão diferente de pessoa para pessoa e de cultura para cultura. Tiveram lugar em Inglaterra e no Brasil. A pontualidade britânica tão famosa e tão real *versus* o conceito lato de tempo de uma cidade como São Paulo.

Começo por dizer que sempre fui e sou muito britânico (ou considerava-me como tal) na minha forma de ver a pontualidade. Tinha uma reunião marcada para as 16h em Taunton, em Inglaterra, com a empresa que nos tratava da contabilidade e da fiscalidade. Perante alguma dificuldade em estacionar o carro — que não é fácil porque a condução lá é à esquerda —, quando chego à receção da empresa ainda não passavam cinco minutos da hora marcada. Prontamente, a rececionista olha para mim e diz «O senhor deve vir para a reunião das 16h. O diretor já está à sua espera.» Fiquei, na altura, como facilmente se imagina, um pouco desconcertado, mas não dei muita importância ao comentário. Fui então conduzido à sala onde já estavam os dois diretores com os quais ia ter reunião e que tinham distribuído todos os papéis pela mesa. Levantaram-se, um deles dirige-se a mim para me cumprimentar e, quando estende a mão, olha subtilmente para o relógio e diz «Boa tarde, como está?» Fiquei desconcertado com todo aquele aparato e, confesso, até um pouco incomodado com a «hostilidade» horária.

Passado um mês, há uma nova reunião à mesma hora e eu, naturalmente, decido chegar cinco minutos antes das 16h. Entro com um ar triunfal no escritório e quando me dirijo à rececionista vejo que ficou extremamente atrapalhada. Ela pergunta-me «O senhor deve vir para a reunião das 16h?» e depois pede desculpa, dizendo que vai imediatamente chamar os diretores para a reunião e conduz-me à sala vazia. Momento de glória pessoal, pensei. Desta vez ganhei e não vou ser vítima de nenhum comentário! Pura ilusão! Entram os dois diretores com ar apressado, e o mesmo que tinha olhado para o relógio no mês anterior volta a repetir o gesto e pergunta-me: «Tínhamos marcado para as 16h, não era?»

Segue-se o Brasil e a minha primeira ida a São Paulo. Pedi ao nosso diretor de lá para nos marcar o maior número de reuniões possível durante a semana em que eu lá estaria e que assim que as tivesse marcado me enviasse o calendário das mesmas. Tudo isto parece um pedido perfeitamente normal e compreensível, pensava eu, mas dias depois recebo um documento que registava: dia 14 de manhã Procter, de tarde Coca-Cola; dia 15 de manhã Reckitt, de tarde Danone; e assim por diante. Depois de explodir internamente durante alguns minutos, fazendo todo o tipo de julgamentos que naturalmente se possam imaginar, informei o nosso diretor de que talvez fosse melhor tentar ter mais reuniões por dia para tirar o maior proveito possível da minha viagem e aproveitar para marcar horas. A resposta foi imediata: «Isso é impossível, e vamos ver se conseguimos ter estas reuniões todas!» Perante esta afirmação, e como era a primeira vez que ia ao Brasil, não quis fazer demasiada pressão e esperei por falar pessoalmente com ele quando lá chegasse. Fui durante toda a viagem a controlar os nervos e a pensar que tinha de ter calma e perceber as diferenças culturais, ou melhor dizendo, que teria de tentar impor um ritmo um pouco mais acelerado à nossa direção brasileira. O diretor foi buscar-me ao aeroporto e depois dos cumprimentos habituais e da conversa de como tinha corrido o voo e de como a temperatura era bem mais alta ali, lancei a pergunta que me atormentava: «A que horas é a reunião amanhã de manhã?» Mas a resposta desconcertou-me ainda mais: «É à hora a que conseguirmos chegar. Passo a buscar-te às 07h30?» Respondi que sim.

A moral deste relato foi que dificilmente conseguimos ter as duas reuniões todos os dias, por causa do trânsito caótico e das enormes distâncias entre os locais (trata-se de uma cidade com 18 milhões de habitantes e dezenas de quilómetros de autoestradas no seu interior). De facto, os nossos clientes aguardavam tranquilamente que nós chegássemos e, entretanto, iam trabalhando num conceito de horas extremamente flexível.

Após estes anos, entendo perfeitamente a mensagem dos dois lados do Atlântico. Em Inglaterra, se chego depois da hora marcada, estou a fazer a outra pessoa perder tempo, pois aquele momento reservado é para ser ocupado comigo. Se chego antes da hora, é uma falta de respeito porque a impeço de se preparar para a reunião que vai ter comigo naquele momento. No Brasil, pelo contrário, a flexibilidade é imposta pela dimensão e pela incerteza. Uma pessoa amiga, brasileira, contou-me que vivia numa cidade-satélite de São Paulo e que foi a um jantar de aniversário de uma colega em São Paulo. Só regressou três dias depois porque choveu e ficou retida no trânsito. Conseguimos imaginar?

Não queria terminar sem contar outra pequena história.

Na preparação dos nossos investimentos em Inglaterra, agendei uma reunião com uma das maiores consultoras mundiais nos seus escritórios em Bristol e solicitei que fosse marcada para as 16h30. As dificuldades que me colocaram foram imensas, sem eu entender porquê. Depois de muita insistência minha, e de provar por todos os meios que eu partia naquele dia de Lisboa no primeiro voo da manhã e que só conseguiria chegar lá muito perto dessa hora, o *partner* da empresa aceitou a minha proposta.

Procurei chegar o mais cedo possível. Cheguei perto da hora marcada e apercebi-me de muita gente a sair do edifício. Entrei e dirigi-me à receção. A senhora pediu-me desculpa, mas devido à hora tardia iria ser recebido na sala dos fornecedores junto da entrada, pois o resto do edifício já estava encerrado. Pouco tempo depois, entrou o *partner* já sem gravata. Agradeci a sua disponibilidade. Terminada a reunião, perguntou em que hotel eu ia ficar, e como ficava no caminho para o campo de golfe ofereceu-me boleia, pois chovia torrencialmente.

Que diferença para o «presentismo» que se vivia e vive em Portugal, prolongando-se os horários de trabalho indefinidamente, com almoços intermináveis, obrigando subordinados a estarem presentes porque o «chefe» marca reuniões para o fim da tarde, quando antes passou o tempo ao telefone com amigos, a discutir futebol, a fumar e a beber café e a marcar o seu fim de semana e as suas férias. Exagero meu? Quem dera...

Infelizmente, e custa-me dizê-lo pela experiência vivida, não é nas fábricas onde o trabalhador marca o ponto e onde a máquina não funciona se ele não estiver lá que se vive o maior absentismo. Sugiro que faça a experiência de ligar antes das 10h para qualquer empresa de serviços e tente falar com o diretor. Mas se ligar pelas 19h...

O problema é o que esta situação gera em cadeia nas organizações: uma ausência completa de vida própria, causadora de tanta depressão e de tanto *stress*. É a ausência por inteiro de uma vida em família, de *hobbies*, de cultura, de desporto e de tantas outras atividades que, no fundo, nos caracterizam como seres humanos e que tanta importância têm para a nossa forma de estar e de pensar. Não se trata apenas de conseguir um equilíbrio, mas sobretudo de dar a devida importância à pessoa como um todo.

Fiz questão de impor isto na empresa — e não foi fácil. Quantos assuntos queria resolver em Portugal com bancos, fornecedores e clientes antes das 10h da manhã sem sucesso e tinha de ficar depois das 18h para o conseguir. O presentismo não aumenta a produtividade, muito pelo contrário.

Quantas vezes a cultura marca a nossa vida, dependendo do país onde estamos? Portugal foi uma experiência dura no que respeita ao tempo que podia dedicar a mim próprio e à minha família.

3.4 As distâncias económicas

Existem alguns aspectos que distanciam os países e que são de natureza económica. Chamo aqui a atenção para alguns deles:

- ✓ Riqueza dos consumidores;
- ✓ Rendimento;
- ✓ Custo do trabalho;
- ✓ Disponibilidade/escassez dos recursos, *inputs*, infraestruturas e serviços.

Consoante o tipo de produto ou serviço, a minha preocupação tem de ser conhecer o meu mercado-alvo e a sua natureza económica. O nível de rendimento é sempre importante saber, mas atenção aos valores médios. Um antigo professor meu costumava dizer que se tivermos a cabeça no forno e os pés no congelador, em média, temos uma temperatura agradável. E há mercados assim. No Brasil, 1% da população concentra quase metade da riqueza do país, mas 1% dos brasileiros são dois milhões de pessoas! Qual é o meu mercado e quem são os meus clientes?

Outro fator que se torna crítico é o peso da tecnologia *versus* o fator humano. Numa visita a uma empresa na China deparei-me com secções altamente modernas, mecanizadas e automatizadas, e outras em que a mão-de-obra dominava. Pareceu-me estranho e sem muita lógica, pelo que perguntei porquê. A resposta foi clara: precisavam de pessoal com qualificações mais elevadas para trabalhar com as novas tecnologias e para tal necessitavam de dar formação, mas em alguns casos, de produção mais antiga, os custos baixos da mão-de-obra não qualificada tornavam mais rentável a sua utilização. No entanto, era um processo em mudança, em que a formação dos recursos humanos se interligava com a inovação tecnológica. Aquilo que num país se faz com pouca mão-de-obra e muita tecnologia, noutro, por razões de investimento e de custos, é exatamente ao contrário. E como vamos depois analisar as diferentes *performances*? De igual forma? Este é o grande desafio da internacionalização, quando queremos comparar coisas que não são comparáveis mesmo que a empresa produza exatamente o mesmo produto ou venda o mesmo serviço.

A distância económica é muitas vezes medida do lado da procura. No entanto, é importante considerar que a existência de uma grande distância do lado da oferta pode tornar o nosso produto altamente apetecível. Compete à empresa encontrar a melhor forma de potenciar essa vantagem competitiva.

3.4.1 A questão das taxas de juro

Viajava para São Paulo de avião quando li uma notícia que dizia que as taxas de juro sobre os cartões de crédito tinham baixado de 22% para 18%. Fiquei na altura agradavelmente surpreendido com a notícia, pois isto significava claramente uma aproximação aos parâmetros europeus. O Brasil, na altura, apresentava dados concretos de crescimento económico e de estabilidade político-social. Muitos dirão, com razão, que este é o ciclo normal do Brasil, situações em que tudo parece que vai bem intercaladas com outras em que tudo parece que vai mal. E a rapidez com que isto acontece é de facto estonteante.

Ao chegar a São Paulo comentei o facto com o nosso diretor local, que não mostrou grande entusiasmo pela notícia. Fi-lo em mais uma ou duas ocasiões quando se falava do milagre económico brasileiro, com ele e outras pessoas, e o entusiasmo era sempre reduzido. Estranhando a sua atitude, resolvi perguntar-lhe se ele não achava que esse era um excelente indicador. Ele respondeu-me com uma admiração enorme, exclamando: «Pedro, mas olha que a taxa é ao mês!»

3.4.2 A questão da disponibilidade de recursos

Um país que sempre me impressionou pela quantidade e qualidade dos seus serviços é a Inglaterra.

Tínhamos a fábrica longe de qualquer centro urbano importante e a vários quilómetros de distância da cidade de Bristol. Fascinava-me o facto de haver uma empresa de recursos humanos, especializada unicamente em pessoal para trabalhar com máquinas de sopro para a indústria plástica, que tratava de todo o recrutamento. Era só dizermos do que precisávamos e dias depois o pessoal aparecia.

Três exemplos fantásticos: todos os dias à porta da fábrica, no período de almoço, parava uma carrinha-restaurante que vendia refeições variadas aos funcionários. Outro exemplo é o de uma empresa que nos colocava na fábrica um armário com todo o tipo de parafusos, porcas e afins e que nos cobrava apenas o consumo no fim do mês. Para terminar, um dia estávamos numa reunião com cerca de dez pessoas que se prolongou pela tarde e não tínhamos almoço. A meio da manhã, o responsável pela fábrica telefonou a três empresas, obteve orçamentos e tivemos um almoço à medida do que queríamos nas nossas instalações, com direito a máquina de café e chá. Tudo feito em praticamente uma hora.

Mas o que mais me impressionou talvez tenha sido o início de todo o processo, quando decidimos investir em Inglaterra. Ao contactar o Department for International Trade (DIT) — o equivalente ao nosso AICEP em Inglaterra —, este colocou-nos à disposição um funcionário que agendava todas as reuniões de que precisávamos, desde bancos a empresas de contabilidade, de recursos humanos, consultoras, enfim, tudo o que se possa considerar como necessário para começar a laborar num país. À hora em que o meu avião aterrava, ele lá estava à minha espera e conduzia-me a todas as reuniões com o seu carro e no final agendávamos as vezes seguintes. E tudo a custas do governo de Sua Majestade.

A questão da disponibilidade dos recursos coloca-se também ao nível dos recursos humanos. Na Rússia, vivi uma daquelas situações em que a média engana. A população da cidade de Samara tem a taxa mais elevada de formação universitária de todo o país. A grande maioria tem pelo menos licenciatura, muito especialmente em áreas de Engenharia. Mas havia um problema: a especialização era sobretudo em armamento, indústria automóvel e aeroespacial. Isto quer dizer que, se eu quisesse enviar alguém para o espaço, não me faltavam especialistas, mas simplesmente não havia engenheiros para fazer uma garrafa de plástico.

Outra questão da máxima relevância tem que ver com a disponibilidade das matérias-primas e de equipamentos. Este é um assunto que não pode ser ignorado, pois termos matéria-prima em quantidade e com a qualidade de que necessitamos nem sempre é evidente, e por vezes a importação torna-se altamente onerosa e quase impossível, e o mesmo se passa com os equipamentos.

3.4.3 O drama de Paddington

Não queria terminar este capítulo sobre as diferenças entre países sem contar um episódio que vivi num momento de crise.

Nunca estamos livres de uma crise de qualquer tipo acontecer no exato momento em que lá estamos. Cada país e cada povo tem a sua forma de reagir perante uma situação inesperada. No entanto, importa referir que estar em África, na América do Norte ou Latina, na Ásia ou na Europa é forçosamente diferente, pelos riscos que acarreta. Julgo que tive sorte por ter acontecido no continente europeu, mas seja em que país for tudo se torna imprevisível e inesperado.

Naquele fatídico dia 5 de outubro de 1999, parti para Londres, como habitualmente, no avião da tarde, mesmo tendo acabado de saber que um grave acidente entre comboios tinha ocorrido à saída de Paddington com destino a Reading. Chegando a Heathrow, o normal era ir de autocarro até à estação de Reading, onde apanhava o comboio até Taunton, uma pequena terra a sul de Bristol.

Desafiei o perigo por causa do trabalho, esquecendo que, quando o mundo anglo-saxónico perde a normalidade, tudo se torna caótico e quase sem solução. A confusão já estava instalada em Londres. Reading é ainda hoje um dos maiores centros ferroviários e rodoviários de Inglaterra, e um acidente precisamente a caminho desse local e que tragicamente vitimou largas dezenas de pessoas paralisou toda a rede de transportes. Apesar de toda a confusão, consegui chegar à estação de Reading às 22h. A esta hora Inglaterra já dorme, os *pubs* estão a fechar e começa a ser difícil encontrar alguém. Fora da estação (que fica um pouco distante da cidade), não havia vivalma e obviamente era impossível encontrar um táxi. Dentro da estação, o cenário era de terror, com o chão coberto de retratos dos que faleceram, rodeados de flores e velas acesas. Comprei o bilhete e disseram-me que quase não havia comboios. Nessa noite apenas haveria um por volta das 3h da manhã.

A espera foi longa e quase solitária. Além das fotografias, tive apenas a companhia do chefe da estação, que dormia na sua cabine protegido do frio. À distância, ia mantendo o contacto com a minha mulher por telemóvel. Não sei se a espera foi pior para mim se para ela, mas senti o quão importante é o papel dos que nos são muito queridos nestes momentos. Toda aquela situação fez-me refletir muito sobre o sentido que damos às nossas vidas e o peso que atribuímos ao trabalho.

Perto das 4h passou o comboio. Era um comboio com carruagens-cama, mas, sabendo que a viagem duraria cerca de duas horas, e com receio de adormecer, preferi ficar sentado. Só que as surpresas não tinham acabado. Ao chegar o revisor, entreguei-lhe o bilhete e ele perguntou-me para onde eu ia. Quando lhe respondi que ia para Taunton, ele informou-me de que aquele era o único dia da semana, àquela hora, em que o comboio não parava em Taunton. Era um comboio direto. Não queria acreditar! Perante o meu espanto, o revisor, numa atitude nada britânica, disse-me que, como havia outro passageiro na mesma situação, e dado o caos do acidente, ia tentar que o condutor parasse o comboio em Taunton, para nós sairmos. Nem queria acreditar no que estava a ouvir!

Depois de ter dado a volta ao comboio cumprindo o seu trabalho, o revisor veio dizer-me que sim, que o maquinista iria parar o comboio, mas que a estação àquela hora estaria fechada e trancada, pelo que teríamos duas hipóteses: ou saltar a vedação sem ser vistos por causa dos guardas, ou esperar que abrissem a estação e explicar aos guardas como e porquê é que estávamos trancados, quando não estava previsto lá ter parado nenhum comboio.

Foi, pois, nesta situação que eu e o outro indivíduo nos vimos na estação com as malas de viagem e o computador à procura de um local para saltar a vedação. Encontrámos um sítio onde tal era possível, com pouco menos de dois metros de altura, o que, atendendo à idade avançada do meu colega de aventura, levantava um problema: ele teria de saltar primeiro com a minha ajuda, depois eu passava-lhe as malas e o computador e só depois eu poderia tentar saltar, sozinho, esperando que ele não aproveitasse para fugir com as malas e que eu conseguisse subir. No final, correu tudo bem. Despedimo-nos, mas a mim esperava-me ainda uma viagem de dois quilómetros a pé até ao hotel, ansiando que houvesse alguém a pé para me receber. O cansaço físico e psicológico era imenso. Atravessar uma vila completamente deserta àquela hora foi sinistro, ainda por cima num silêncio inimaginável cortado pelo ruído quase ensurdecedor do deslizar das rodas da minha mala de viagem. Várias luzes se acenderam nas casas por pessoas que acordaram com aquele barulho aparentemente tão normal, mas tão inflacionado pelo silêncio. O único momento de descanso foi quando passou um carro de recolha de lixo que, por momentos, «silenciou» o meu barulho.

Cheguei ao pequeno hotel e fiquei alegremente surpreendido com a porta aberta, a luz acesa e o funcionário da noite carregando mesas e cadeiras. Olhou para mim e sorrindo disse: «O senhor deve ser o cliente que falta!» Entrei no quarto e caí na cama, mas não sem antes telefonar à minha mulher. Adormeci exausto durante apenas um par de horas, porque esperava-me pela frente um longo dia de trabalho. No dia seguinte, o nível de preocupação de quem me rodeava com o que me tinha acontecido era próximo de zero. Havia um trabalho para fazer e eu tinha chegado atrasado.

São os custos de um processo de internacionalização.

3.5 O efeito CAGE

Todas estas diferenças que tenho vindo a apontar têm o seu efeito em conjunto. Não podem ser analisadas *per se*, é forçoso perceber que estão relacionadas e interrelacionadas. Peguemos, por exemplo, no caso da Walmart (Gráfico 2). Os dados mais recentes de vendas indicam os países onde a empresa realiza a maioria dos seus negócios.

GRÁFICO 2 — VALOR LÍQUIDO DAS VENDAS INTERNACIONAIS DA WALMART PARA O ANO FISCAL 2019–2021, POR PAÍS (EM MILHÕES DE DÓLARES)

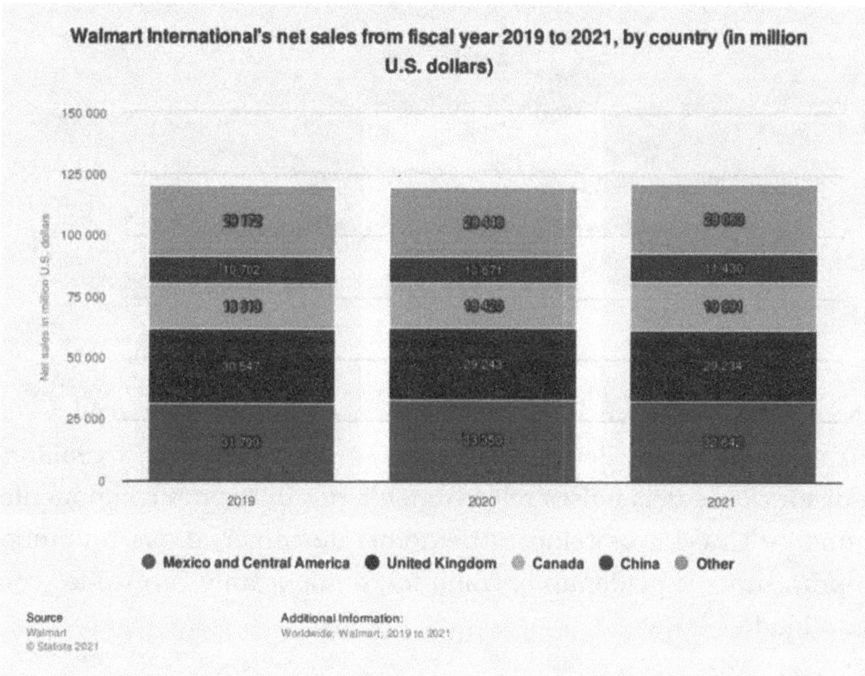

É curioso verificar que os países onde a empresa tem uma presença mais forte são os geograficamente mais próximos bem como os de língua inglesa.

No caso do Santander (Gráfico 3), a presença em países de língua espanhola e portuguesa assume preponderância, e a ligação a países que outrora foram colónias também.

GRÁFICO 3 — LUCROS DO SANTANDER, POR PERFIL GEOGRÁFICO (2011-2018)

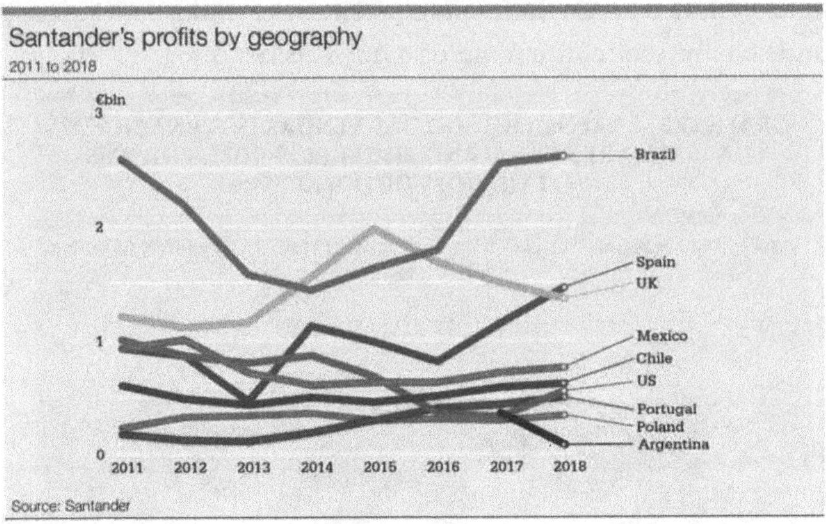

Fonte: Santander.

Num estudo feito em 2003, mas ainda pleno de validade, o professor Pankaj Ghemawat avaliou as correlações existentes entre a proximidade e a distância de dois países relativamente aos diferentes componentes da análise CAGE e às relações bilaterais de comércio. Os resultados são praticamente evidentes e, como tal, é importante verificá-los com frontalidade.

TABELA 1

Effects of Similarities Versus Differences on Bilateral Trade

Dimensions of Distance/Proximity	Determinant	Change in Trade
Cultural	Common language	+42%
Administrative	Common regional trading bloc	+47%
	Colony/colonizer links	+188%
	Common currency	+114%
	Differences in corruption	–11%
Geographic	Physical distance: 1% increase	–1.1%
	Physical size: 1% increase	–0.2%
	Landlockedness	–48%
	Common land border	+125%
Economic	Economic size: GDP (1% increase)	+0.8%
	Income level: GDP per capita (1% increase)	+0.7%

Source: Pankaj Ghemawat and Rajiv Mallick, "The Industry-Level Structure of International Trade Networks: A Gravity-Based Approach," working paper, Harvard Business School Boston, February 2003.

Resultados como o facto de, ao existir a mesma língua entre dois países, aumentar em 42% as suas relações comerciais; de haver uma história passada de colonização provocar o aumento do comércio em 188%; de terem fronteiras comuns aumentar em 125%; o facto de o Produto Interno Bruto aumentar 1% fazer aumentar o comércio em 0,8%; e que a distância entre países é diretamente proporcional ao comércio entre eles são algumas das muitas conclusões conseguidas através deste trabalho científico, mas que qualquer um de nós apostaria nelas sem dificuldade de acertar.

CAPÍTULO 4
As diferentes estratégias

Passada a fase da análise das diferenças segundo o modelo CAGE, que deve ser feita da forma mais exaustiva possível, importa passar a analisar como podemos avançar para um processo de internacionalização. É a altura de definir uma estratégia que melhor se adapte ao nosso caso concreto. Existem várias formas de o fazer e vamos estudá-las ao pormenor.

4.1 A AGREGAÇÃO

Em termos históricos, todos os processos de internacionalização passaram inicialmente por um sistema de agregação de valor que consistia em replicar a empresa em cada novo país, somando os mercados onde esta trabalhava. Foi assim durante toda a primeira metade do século XX, quando as grandes empresas de produtos ou serviços tinham as suas fábricas e escritórios em todos os países e as atividades eram analisadas sempre de modo comparativo. Empresas como a Nestlé, a Reckitt & Colman, a Danone, a Coca-Cola, para citar apenas algumas, tinham fábricas em todos os países da Europa, e o seu objetivo de crescimento era trabalhar em mais países e crescer dentro de cada um. O mesmo se passou com grandes empresas de serviços e até consultoras.

4.2 A ARBITRAGEM

Com o desenvolvimento do sistema de transportes, das vias de comunicação, da digitalização, e consequente redução de custos de logística e de comunicação, e o aumento da capacidade e qualidade de armazenamento, as empresas começaram a questionar o porquê de terem tantos centros de produção. É evidente que a facilitação do comércio internacional e, no caso europeu, o crescimento da União Europeia vieram acelerar este processo no final da segunda metade do século XX. Em vários casos, fábricas e escritórios foram encerrados, ficando apenas os gabinetes de *marketing*, os departamentos de vendas e os espaços de logística em cada país. Quase todas as empresas foram analisando por arbitragem o melhor local para estarem instaladas em termos de custos de produção, de armazenagem e de transporte, encerrando uns e ampliando outros.

Curiosamente, esta estratégia foi seguida de uma forma tão exagerada que, atualmente, devido à situação de pandemia de coronavírus vivida por todo o mundo, se levantou o risco de dependência de um único local de produção. Preocupámo-nos em não ficar dependentes de um único fornecedor, mas tornámo-nos dependentes de um único local de produção. De facto, países que aparentemente pouco ou nenhum risco apresentavam, de repente, à custa de uma situação de pandemia descontrolada, levantaram a questão de que a insegurança pode, a qualquer momento, afetar qualquer país. Ter uma única fábrica num país europeu para abastecer toda a Europa passou a ser um risco. Se a fábrica sofrer um surto pandémico e tiver de fechar nem que seja temporariamente, a empresa para com gravíssimas consequências para a marca. Acredito que a reflexão sobre esta situação irá trazer num futuro breve vários polos de produção que permitam equilibrar os custos de produção com os custos do risco de não-laboração.

4.3 A ADAPTAÇÃO

Se um processo de internacionalização passasse por repetir noutro país uma simples cópia da nossa própria empresa, estaríamos a considerar que o mundo não tem diferenças. Adaptar é, por isso, a palavra de ordem que ajuda em qualquer processo de internacionalização. Se existem diferenças, o melhor é termos a capacidade de adaptar, reduzindo com isso os custos e maximizando a nossa melhor integração local.

Ressalvo, no entanto, que adaptar, como já explicado anteriormente, não é mudar tudo, nem mudar constantemente ao sabor de uma ausência de estratégia. Trata-se de aproveitar as diferenças para maximizarmos o nosso produto ou serviço.

Mas como podemos e devemos fazê-lo? O que podemos e muitas vezes temos de adaptar?

4.3.1 O PRODUTO

Vender gelados ou hambúrgueres em Portugal, no Brasil ou em Angola não é a mesma coisa. Várias empresas adaptam o seu produto aos gostos locais porque o conceito que está por detrás é o mais importante e não a «apresentação» final do produto.

Mc Donald's

Todos conhecemos em Portugal a cadeia de restaurantes McDonald's e o produto *McBifana*. Correndo o risco de se meter num negócio que não é o seu, muitas vezes a empresa opta por este tipo de adaptação.

H3

O caso de uma empresa portuguesa que adaptou o seu produto ao entrar no mercado brasileiro foi a H3. O bem conhecido hambúrguer *Tuga* deu lugar ao *Zuca* com a correspondente alteração de acompanhamentos e temperos que o transformam no gosto brasileiro.

Neste caso, o conceito está lá por inteiro e a adaptação dá-se apenas ao nível da estrutura do prato.

Coca-Cola — Fanta

Em poucos países fará sentido ter uma *Fanta de Guaraná*, mas no Brasil com certeza que faz. Mais do que fazer sentido, é quase uma obrigação. E a Coca-Cola adaptou o seu produto *Fanta* ao gosto brasileiro, permitindo assim aumentar a sua gama local de sabores.

Nestlé

Quem poderia imaginar que na Rússia haveria um chocolate Nestlé *For Men*? E por que razão ele existe?

A resposta é simples: trata-se de um chocolate mais negro do que o chocolate negro habitual e uma tablete bastante mais grossa, o que exige bons dentes. Só para homens!

É interessante verificar que a Nestlé, assim como muitas outras empresas, adapta o gosto do seu chocolate a cada país onde o vende.

Colgate-Palmolive

O que leva a Colgate-Palmolive a ter em Marrocos um sabonete que irradia saúde e que contém na sua composição o localmente célebre *Habbat Al Baraka*, conhecido por semente abençoada?

Já o profeta Maomé, há 1400 anos, salientou nos seus escritos: «Existe a cura nestas sementes pretas para todas as doenças, exceto a morte.»

Desta forma, muitos são os casos em que as empresas adaptam os seus produtos ao país onde o passam a vender. Mantêm as suas identidades e aquilo que as tornou famosas e reconhecidas, mas conferem-lhes uma característica da localização que, em todos os mercados, se pensarmos bem, faz toda a diferença.

4.3.2 As políticas

De nada adianta julgar que as políticas da empresa são imutáveis internacionalmente. Todas dependem, aliás, exatamente na sua formalização, de aspectos muito fortes de localização. Existem áreas, com efeito, em que é imprescindível analisar as suas implicações. São elas:

- ✓ Recursos humanos;
- ✓ Política de expatriados;

- ✓ Sistema de informação;
- ✓ Normas de segurança e ambientais;
- ✓ Capital *versus* mão-de-obra.

4.3.2.1 Recursos humanos

Questões como o recrutamento, o nível de formação da mão-de-obra, os salários, a legislação laboral vão claramente ter implicações na nossa política de recursos humanos.

Recordo aquilo que vivi no Brasil nos últimos anos do século XX (e que afinal não foi assim há tanto tempo). No final de cada semana, o nervosismo aumentava no escritório. Era dia de pagamento. Estranhei; porquê todas as semanas e porquê o nervosismo? Mais estranhei e me assustei quando percebi que era feito em dinheiro. Vieram as explicações: agora já era à semana porque antes era ao dia. E porquê? Pura e simplesmente para terem dinheiro para comer. A noção de poupança não existia, e o dinheiro do dia gastava-se no dia. Pagar à semana já era um grande avanço, mas só foi possível porque existia aquilo a que no Brasil se chama «cesta básica». E era exatamente isso, uma cesta básica de alimentos que era entregue a cada funcionário, para que ao menos a comida não faltasse à família. Neste contexto, é fácil de entender porque é que o pagamento era feito em dinheiro. Por outro lado, e como é óbvio, ninguém conseguia abrir nem ter uma conta bancária naquelas condições.

Na Rússia encontrei outra situação mais dramática. Durante o período da URSS, o governo propagandeava que todos tinham trabalho e recebiam salário. O desemprego oficial era zero. Nada mais falso. Na grande maioria eram empresas fictícias sem qualquer atividade, às quais as pessoas iam diariamente cumprir o seu horário, mas sem qualquer trabalho, e no final recebiam o seu salário. E assim passavam uma vida inteira, e às vezes várias gerações. Fizessem o que fizessem, o salário, a empresa, a função seriam os mesmos durante toda a vida. Como falar a estas pessoas de motivação pelo trabalho, de crescimento individual e do negócio, de dedicação à empresa, ou até de promoção social?

4.3.2.2 Política de expatriados

Esta é uma questão que afeta qualquer empresa. Quem vai, com que condições vai, e quem retorna – se retorna –, em que condições regressa. É uma área em que é tremendamente difícil planear por antecipação, mas que é fundamental fazê-lo. Não podemos arriscar ter, no futuro, discrepâncias salariais, de condições de deslocalização e de regalias, porque, por muito que achemos que não, tudo se sabe e tudo é matéria de troca de opiniões. E quando isso acontecer, pode custar muito caro não só em termos financeiros, mas também de continuidade dos recursos humanos. É por isso que as grandes empresas constroem grandes manuais de expatriação com regras claras. O que não pode acontecer é «usar» as pessoas como se fossem «bonecos». «Vais e ficas uns anos e recebes um dinheiro para ajudar na casa, e quando regressares logo se vê, etc., etc., etc.» Os expatriados são pessoas que vivem um profundo abalo e alterações na sua vida e que precisam de se sentir apoiados de forma clara, transparente e principalmente consistente.

4.3.2.3 Sistemas de informação

É talvez um dos aspectos mais importantes a refletir. Arrancar um processo de internacionalização sem ter um sistema de informação preparado é a garantia plena de um insucesso. Nenhum sistema de informação é suficientemente internacional que não necessite de adaptações, novas configurações e novos requisitos legais e fiscais. Uma empresa facilmente perde o controlo do seu negócio se o sistema de informação não for completamente adaptado às necessidades e obrigações do novo país. Este é um custo que é muitas vezes ignorado pelas empresas e que no final se vem a revelar muito elevado.

4.3.2.4 Normas de segurança e ambientais

É evidente que qualquer empresa séria tem e cumpre no seu funcionamento do dia-a-dia normas próprias de segurança e ambientais, muitas vezes mais restritivas do que as obrigações legais. Isto acontece pela especificidade do negócio, por obrigações contratuais e até por exigência própria. No entanto, convém recordar que por mais elaboradas que estas sejam, existem legislações específicas e diferentes em cada país e que têm de ser cumpridas, em muitos casos distintas daquelas praticadas pela empresa, umas mais, outras menos exigentes.

A empresa tem de se adaptar a estas novas circunstâncias e novas obrigações, mantendo-se fiel àqueles que são os seus princípios de qualidade, segurança e preservação do ambiente. O que muitas vezes sucede é que por uma questão de harmonia interna das suas políticas, produtos e serviços, a empresa acaba por somar essas novas regras a toda a sua organização. Este é um caso em que a adaptação se faz nos dois sentidos.

4.3.2.5 Capital *versus* mão-de-obra

Neste caso, muito raramente as situações são replicáveis. Nem sempre as mesmas soluções técnicas estão disponíveis de país para país, tal como não é possível garantir que vamos encontrar o mesmo grau de desenvolvimento tecnológico ou de formação técnica. Isto é válido nos dois sentidos, porque pode ser inferior, mas também pode ser superior.

Por outro lado, temos a questão financeira, que pode determinar que outro tipo de solução que não a usada em Portugal seja a mais conveniente.

Existe, pois, toda uma gama de soluções que deve ser correta e profundamente avaliada, e não tomar o pressuposto de que aquilo que fazemos é melhor. Noutros casos, o simples facto de iniciarmos uma atividade de raiz permite evitar erros, vícios, *layouts* e ineficiências que existem na nossa operação em Portugal mas que são muito difíceis de corrigir com a operação a funcionar.

Há aqui também uma abertura de horizontes que pode permitir ganhos dos dois lados. O estar num mercado novo permite conhecer outros fornecedores, outros equipamentos e soluções que podem trazer (e muitas vezes trazem) benefícios à nossa operação em Portugal. Novamente temos aqui ganhos reais que são difíceis de contabilizar numa análise superficial, mas que se podem revestir de vital importância no futuro da empresa.

4.3.3 Reposicionamento

Uma das formas de conseguir angariar valor adaptando é através do reposicionamento do produto ou do serviço. É muito importante perceber em cada país qual o valor percecionado do nosso produto ou serviço. Em muitas situações, pode não ser o mesmo, pode ser superior, mas pode também ser inferior. Nos produtos alimentares existem inúmeros exemplos dessa situação, em que os consumidores estão dispostos a pagar mais por um determinado produto num país que noutro, dada a sua raridade nesse local. Uma garrafa de água num país como o Egito é mais cara do que qualquer garrafa de refrigerante.

Um exemplo muito interessante é a forma como a Coca-Cola entrou na China.

FIGURA 2 — MAO TSÉ-TUNG NUM CARTAZ PUBLICITÁRIO À COCA-COLA NA CHINA

Numa altura em que o mercado era praticamente inexistente, a China era um país maioritariamente pobre, com uma elite política que tinha dinheiro e que queria mostrar a sua modernidade. A empresa posicionou o seu produto como sendo uma raridade, caro, um luxo praticamente só acessível a alguns. Conseguiu assim impor-se associando a sua imagem ao sucesso do partido vigente. Assim que começou a surgir uma classe média na China, o país estava desejoso de se mostrar e de consumir produtos associados a uma classe social próspera, pelo que o consumo foi aumentando e o preço foi baixando, assistindo-se à popularização da marca.

4.3.4 Medidas e objetivos

Neste ponto, a adaptação mais do que uma necessidade é uma obrigação.

O retorno esperado deve ser analisado face ao caso concreto e importa perceber que os índices de produtividade e até de qualidade não podem ser exatamente os mesmos. Não há duas fábricas nem dois escritórios iguais. As condições de trabalho são diferentes, tudo muda.

Estabelecer parâmetros iguais vai forçosamente conduzir a erros e a más interpretações. Não se pode comparar todos os países e as operações nesses locais pela mesma bitola, e antes de se montar determinada operação temos de ter este aspecto em conta, para não sofrer grandes desilusões ou até grandes perdas.

CAPÍTULO 5
Reduzir os custos de adaptação

Uma vez definida a melhor estratégia para internacionalizar adaptada ao nosso caso concreto, somos sempre confrontados com a problemática dos custos. O risco é sempre enorme e duradouro. O pior que pode acontecer é morrer na praia por falta de capacidade financeira. A análise cuidada do mercado de destino leva-nos a considerar as várias possibilidades de reduzir os custos de entrada e de adaptação, percebendo que não temos de repetir cegamente o que fazemos na origem, nem em termos de modo nem de globalidade do conteúdo. Vamos agora analisar este ponto em detalhe.

5.1 Focar

Num país como Portugal, em que as empresas estão muito pouco capitalizadas, a internacionalização torna-se um processo difícil, até pela nossa própria dimensão. Mercados como a União Europeia, ou mesmo considerando só a Espanha, a França, a Alemanha ou a Inglaterra, são desproporcionadamente maiores do que nós. E considerando o Brasil, os Estados Unidos ou Angola, a situação piora. Por isso, muitas empresas apostam em focar. O que é que isto quer dizer? Focar significa apostar só em alguns produtos, em algumas zonas geográficas, em algumas áreas de negócio, ou mesmo em alguns segmentos de mercado.

Muito tipicamente se avança, no caso de Portugal, para o «mercado da saudade», dos nossos emigrantes, na diáspora, e depois do sucesso nesse mercado avança-se para um patamar superior. Foi o caso, por exemplo, da entrada do azeite *Gallo* no Brasil, em que no início toda a publicidade se orientava para as referências mais tradicionais portuguesas. Tenho memória de um anúncio televisivo de 1993 em que um português com sotaque brasileiro falava ao som da canção «Ó rama, ó que linda rama», com imagens do interior de Portugal, e no final dizia «Azeite *Gallo*, o mais português dos azeites.» Em 2016, um novo anúncio apresenta agora um brasileiro, num ambiente de uma casa brasileira, que no final diz «Azeite *Gallo*, o azeite preferido dos brasileiros.»

Mas focar pode ser também apostar numa única cidade de um grande país, ou começar com aquele produto que melhor nos define para daí ir crescendo. É claramente uma estratégia que permite controlar os custos e os riscos e, em simultâneo, possibilita a aprendizagem tão necessária a um processo de internacionalização.

5.2 Externalizar

Outra forma de reduzir custos é através da externalização, quer através de alianças estratégicas quer através de *franchising*. No topo mundial das empresas que utilizam o *franchising*, encontramos marcas sobejamente conhecidas e que, apesar da sua dimensão, recorrem a ele.

FIGURA 3 — *TOP* 10 DE NEGÓCIOS *FRANCHISE* GLOBAL (2019)

Fonte: Franchise Direct.

Um caso muito curioso em Portugal é a *joint venture* existente entre a Unilever, gigante mundial em produtos de consumo, e a portuguesa Jerónimo Martins, numa parceria de cinquenta-cinquenta que dura há décadas e com sucesso para ambas as partes.

A ideia de que temos de controlar tudo, de saber tudo e de fazer tudo sozinhos nem sempre é a solução mais adequada, quer em termos humanos quer financeiros. Mas uma solução de parceria ou de *franchising* bem pensada e delineada permite poupar nos recursos financeiros e também humanos, não impedindo o crescimento.

5.3 Modificar o desenho da operação

Nem sempre o modo como fazemos as coisas é o que mais se adapta ao mercado e ao novo local. Em várias circunstâncias temos de discernir as diferenças e saber o que adaptar. Um caso com muito sucesso é o da Tesco, na Coreia do Sul. Os sul-coreanos são conhecidos por serem o segundo povo mais trabalhador do mundo — e também por detestarem ir às compras uma vez por semana aos supermercados só pela perda de tempo que isso implica. A aposta da Tesco passava por tornar-se o número um do mercado digital sem aumentar o número de lojas. Mudou o nome para Homeplus e criou, nos corredores do metropolitano, painéis digitais com fotografias exatas dos seus produtos e respetivos códigos, reproduzindo as prateleiras dos supermercados (Figura 4). A compra acontece no caminho trabalho-casa com a ajuda de um telemóvel e de códigos QR, e os produtos são entregues em casa logo após a chegada do cliente. Repito: logo após a chegada do cliente. As vendas subiram 130%, e a Tesco rapidamente se tornou o número um do mercado digital e o número dois no mercado físico.

FIGURA 4 — SUL-COREANOS «ÀS COMPRAS»

É um exemplo de como a modificação do desenho da operação trouxe vantagens muito concretas e mensuráveis. É preciso interpretar o mercado e perceber a melhor maneira de o servir.

5.4 Inovação

A inovação como solução para reduzir os custos de adaptação num processo de internacionalização é difícil de medir no que toca a avaliar as suas vantagens, mas é claramente um processo biunívoco que se realiza em diferentes perspetivas e sentidos.

Em primeiro lugar, pode existir inovação por transferência, quer no destino quer até na origem. O caso da Tesco, que se traduziu inicialmente numa inovação no destino, acabou por imediatamente se refletir numa inovação na origem por importação do conceito para outros países. Muito se aprende em termos de gestão, de tecnologia e de mercado com um processo de internacionalização, e essa aprendizagem acaba por se traduzir numa mais-valia para toda a organização, na maior parte dos casos com uma redução de custos e um aumento de vendas.

Em segundo lugar, temos a localização. É mais simples se nos adaptarmos aos gostos locais, à forma e ao funcionamento do mercado. O caso inicial da Tesco é exatamente de localização, mas quando temos uma *Fanta Guaraná* no Brasil ou uma *McBifana* em Portugal estamos a assistir exatamente ao mesmo.

Em terceiro lugar, temos aquilo que se define como recombinação e que não é mais do que combinar elementos do país de origem com os de destino. É uma situação mista por vezes difícil de detetar. No caso da BMW, apesar de os carros serem exatamente iguais, o mercado alemão prefere esperar o tempo que for necessário (às vezes semanas ou meses) para ter o carro exatamente como quer em termos de acabamentos e extras. O mercado norte-americano é o oposto: o comprador vai no fim de semana com a família ao *stand* e quer levar o carro para casa, quer o carro pronto e convencional. Já o caso chinês valoriza que o interior seja branco, e quanto mais branco melhor; neste caso, a BMW adapta o seu serviço ao mercado onde está a trabalhar, para que o produto corresponda efetivamente ao desejo intrínseco do seu cliente. (Longe vão os tempos do senhor Ford, que dizia, relativamente ao célebre *Ford T*, que o cliente poderia escolher a cor que quisesse para o seu carro, desde que fosse preto.)

Por último, temos a transformação, isto é, obrigar o mercado de destino a mudar, percebendo e aceitando a diferença sem que haja qualquer tipo de adaptação da nossa parte. Os conceitos iniciais de *fast-food* foram assim introduzidos, e o caso mais curioso é o da Starbucks. Tendo o seu fundador vivido em Itália, este achou que devia «ensinar» à América o gosto pelo bom café. Com um novo conceito, leva o mercado norte-americano a ter uma experiência de café completamente diferente dos seus hábitos. Não fez qualquer tipo de adaptação interna, mas obrigou o cliente a adaptar-se, assumindo em termos estratégicos o carácter inovador do seu produto e serviço. A ideia era ter uma Starbucks em cada esquina, estrategicamente colocada entre o local de trabalho e a casa dos seus clientes, oferecendo um café de alta qualidade, num local repousante, sempre com instalação de *wi-fi* disponível, e com um serviço de aconselhamento personalizado. A América converteu-se.

CAPÍTULO 6
Uma gestão com princípios

Além de todas as análises técnicas que realizei nos capítulos anteriores, julgo que este tema não ficaria completo sem esta abordagem, que porventura deveria ser primeira, mas que, ao reservá-la para último, pretendi dar-lhe um relevo englobante de tudo aquilo que escrevi.

Reservo, assim, este capítulo para um conjunto de reflexões sobre a gestão e que são, pela minha experiência pessoal, aplicáveis, por maioria de razão, à área internacional. Aliás, julgo que o sucesso de um processo de internacionalização passa grandemente por aqui, pois é esta a base sem a qual muito dificilmente se poderá construir o que quer que seja. Não internacionalizam as empresas que querem, mas sim as que podem, e o sucesso depende de estarem reunidas as condições para o fazerem, em termos de *know-how*, financeiras e humanas.

Comprovo, pela minha experiência e não só, que a gestão está invadida por critérios e práticas, muitas vezes pouco explícitas, em que sobressai o individualismo e o egocentrismo, e em que os valores éticos como a verdade, a honestidade, a justiça e o bem comum são utilizados como fatores de venda de imagem, e não como objetivos e caminhos a percorrer. Infelizmente, a responsabilidade social, a sustentabilidade ou a ecologia, o respeito pela diversidade e pela natureza são bandeiras muitas vezes ocas de empresas que, pelo simples facto de o propagandearem, mais parece que procuram branquear uma prática corrente e aproveitar a onda da moda. Prevalecem em muitos casos o interesse próprio, a manutenção da posição ou mesmo a procura desenfreada por uma posição melhor, a busca pela rentabilidade própria e pelo sucesso pessoal — a todos os níveis da organização. Neste ponto, as teorias mais modernas de gestão vão no sentido contrário, e talvez por isso temas como a motivação, a partilha de recursos, a responsabilidade social, a preocupação com o ambiente, os ecossistemas de gestão, a sustentabilidade, etc., estão hoje em dia em todos os programas de gestão, nos valores das empresas e mesmo nos meios de comunicação. Infelizmente muitas vezes as empresas propagandeiam estes valores, mas a sua prática está bastante distante da teoria. Tudo se resume ao *marketing* e ao mero aproveitamento da «moda».

A procura do lucro justifica praticamente todos os meios, mais ainda quando se trata do «meu» lucro. A gestão como ciência social tem nas suas formulações teóricas muito dos valores acima escritos, mas, afinal, o que faz que a prática seja assim tão diferente?

A gestão internacional obriga a conhecer as diferenças culturais, administrativas, geográficas e económicas entre os países, para poder geri-las de forma a conseguir uma mais-valia que seja superior à soma das partes. E como é que isso se consegue? A solução é sempre a mesma e está bem identificada: resume-se à prevalência da preocupação em perceber o outro sobre o individualismo. Numa empresa em concreto, o outro tem várias caras: é o nosso cliente, o nosso funcionário, o nosso fornecedor, mas também a sociedade em que estamos inseridos, quer do ponto de vista micro (vizinhos, local de funcionamento, etc.) quer macro (instituições sociais, Estado, país).

Na minha vida profissional, experimentei exemplos específicos de como estes valores podem e devem ser aplicados à gestão das organizações não só por uma questão de ética, mas também porque acredito que a sociedade só pode evoluir, e as empresas só podem crescer e melhorar, se olharmos pelo outro.

Poderá argumentar-se que tudo isto não passa de um processo de boas intenções que visa apenas satisfazer a «boa» consciência de quem os pratica. Dir-se-á que pôr estes valores ao serviço das organizações é não só irrealista como também conduzirá fatalmente ao falhanço, sendo este processo engolido pela voracidade de um mundo e de uma economia que não se coaduna com boas intenções. A meu ver, nada mais errado, e a prática demonstrou-me e continua a demonstrar-me o contrário.

Em primeiro lugar, quero dizer que só acredito na gestão a longo prazo, não no sentido keynesiano de que no longo prazo estaremos todos mortos, mas no sentido de ser oposto ao imediatismo do curto prazo. Passo a explicar.

Um dos males que leva muitas empresas ao insucesso é procurarem em demasia o sucesso rápido. O querer ficar rico de imediato (e se possível facilmente) é apanágio da nossa sociedade consumista exatamente por ser consumista. O consumo está virado para o curto prazo, para o imediato e até para o impulso. Por tudo isso, quando chegamos ao tal longo prazo, as previsões financeiras falham e os fundos não chegam, porque o projeto é sempre analisado como sendo um sucesso e um sucesso rápido. Quem pensa nos fundos para ter sucesso a 10, 15 ou 20 anos? A grande maioria dos negócios demora tempo a consolidar-se e a garantir dinheiro.

Num processo de internacionalização, este aspecto é fulcral. Quantas empresas se perdem pelo caminho da internacionalização porque simplesmente não perceberam que estavam a correr uma maratona?

Para vender o meu produto ou serviço, posso enganar o mercado em termos de qualidade, preço e até da correspondência e adaptação à sua finalidade. Até posso conseguir, com muita publicidade, que alguém compre o que tenho para vender — uma vez. E depois? O resultado até pode ser gerador de grandes mais-valias que eu não iria obter nunca de uma forma lícita. Até posso ser genial e conseguir repetir a proeza. O meu *in-cash* pode tornar-se até fabuloso, mas qual é o meu objetivo? É desaparecer para sempre, ou pretendo continuar a agir no mercado? Quantos negócios falharam por falta de um pensamento de longo prazo correto e por querer apenas o sucesso rápido e sem escrúpulos? O umbigo é o oposto do olhar pelo outro.

O pressuposto de que sou sempre mais inteligente do que o mercado dura pouco, especialmente no mercado internacional, e por isso facilmente sou levado a concluir que ser honesto e verdadeiro traz mais garantias de que o meu cliente voltará e trará outros clientes.

Isto para chegar à afirmação óbvia de que, em termos de mercado, estar vivo no longo prazo depende da minha prática no curto prazo. Tal não é só válido para a gestão de clientes, é válido também para todas as áreas de gestão da minha empresa. Podemos assim ser levados a concluir que ser honesto produz mais-valias reais — no longo prazo! A internacionalização é um processo de consolidação lenta em que a passada não pode ser mais larga do que a perna. A «nossa perna»!

É evidente que este pequeno exemplo é redutor e simplista, mas também é verdade que o podemos facilmente generalizar. É importante compreender que a excessiva orientação para o resultado de curto prazo é não só um incentivo a práticas pouco dignas e desonestas, mas também é um desincentivo a práticas viradas para o bem comum. Pode colocar-se aqui a questão da dualidade entre o capital e a gestão. Mas o problema é que cada vez mais a gestão vive do curto prazo, e o capital anónimo também. É, pois, no empresário/dono que encontramos a figura que mais apetência tem para as preocupações de longo prazo. Será mesmo assim?

Voltando atrás, à preocupação com o outro, analisemos as seguintes questões universais e que são o dia-a-dia de todas as nossas empresas:

- Como olhamos para os nossos fornecedores? Uns malandros que devem ser tratados a chicote ou verdadeiros parceiros? Se eu tratar o meu fornecedor sempre mal, com críticas e desconfiança, pagar pouco e tarde, apertar os preços e as condições abaixo do nível aceitável, exigir prazos irreais etc., a quem vai ele querer enganar em primeiro lugar, baixar a qualidade e fornecer o pior produto?

Precisamos de fornecedores-parceiros que sintam que fazem a diferença e que trabalharem connosco é um incentivo a serem melhores, com mais qualidade e com verdade nas relações. Se crescermos mais por causa dos nossos fornecedores, então eles também vão crescer mais. É *win-win*.

- Que tipo de imagem difundimos da nossa empresa e dos nossos produtos? «Vendemos» a empresa que somos ou a empresa que fingimos ser? Vendemos os produtos que temos ou os que fingimos ter? Temos uma visão da empresa que reflete o que realmente somos e queremos ser, ou é apenas mais um *slogan* sem sentido prático? Lembro-me de uma empresa cujo lema era «Connosco o cliente sabe aquilo com que conta.» De facto, era verdade, mas pela negativa.
- Que qualidade defendemos para a nossa empresa e para os nossos produtos ou serviços: a real ou uma imagem administrativa da qualidade que se resume ao cumprimento de processos burocráticos ligados a uma qualquer norma internacional? Que relação existe entre a qualidade «vendida» e a qualidade «real»?
- Como encaramos os recursos humanos? Um número a explorar ou um grupo de pessoas que perseguem um objetivo comum? São alguém a quem eu olho nos olhos, aperto a mão diariamente e converso abertamente sobre a empresa que é de todos, ou vejo neles alguém que necessita de uma vigilância permanente e cuja competência é sempre pior do que a minha? Aproveito e reconheço a mais-valia do capital humano em termos criativos e de desenvolvimento e crescimento da empresa e do negócio? Quais as condições de trabalho? Boas no escritório e más nas fábricas? Boas para os diretores e más para os subordinados? Boas para mim e más para os outros? Que critérios de motivação? Acho que motivar é uma questão de dinheiro ou de reconhecimento real e efetivo?

- Como entendemos a formação? A avaliação? A retribuição? A contratação e o despedimento? São ferramentas a pensar no longo prazo e geradoras de mais-valias futuras e permanentes? Que competição fomentamos?
- Como vemos os nossos clientes? Uns tipos exigentes que só nos complicam a vida ou, pelo contrário, são a nossa principal preocupação e pretendemos satisfazê-los e agradar-lhes? Como devem ser tratados? Que tipo de relação privilegiamos? Que verdade vendemos? Seguimos o modelo de «nós produzimos e quem quiser que compre», ou procuramos perceber aquilo que o cliente mais precisa numa ótica de qualidade e serviço? Vendemos A por B? Que serviço prestamos? Que pós-venda temos? Sabemos realmente o que o cliente procura e valoriza em nós?
- Como tratamos a informação na empresa? Guardamo-la para nós porque ter informação é ter poder, ou difundimos a informação e somos agentes que fomentam a análise e a criatividade acreditando que o nosso poder aumenta na exata medida em que difundimos a informação e fazemos crescer os outros e a empresa?
- Qual a nossa relação com o meio em que estamos? E com as leis? Qual responsabilidade social? Percebemos a importância da integração local para o sucesso do nosso negócio? Percebemos que questões como o prestígio da empresa e dos seus produtos são um motor do desenvolvimento empresarial? Como vemos a frase «Junta-te aos bons e serás um deles»? Percebemos que se formos «bons», os «bons» vão querer juntar-se a nós? Os bons empregados, os bons fornecedores e os bons clientes?
- Como orientamos a nossa I&D? Numa ótica de verdade ou de engano e mentira? Procuramos a solução ardilosa ou a solução? O que significa sermos melhores?
- E as preocupações ambientais? São apenas algo que publicitamos sem realmente o fazermos? É uma preocupação que envolve toda

a empresa e todas as fases do nosso processo interno? Será que pensamos o nosso negócio como algo que deve ser sustentável? Ou atiramos números e vendemos ideias apenas com fins publicitários?

Estas são questões com que todos vivemos, e não algo a que somos desafiados raramente. Todos os dias, e a todas as horas, somos confrontados por elas nas nossas relações, comportamentos e decisões. Estamos evidentemente a falar da verdade, da honestidade, da justiça, do bem comum, mas estamos igualmente a falar de práticas de gestão concretas.

Para mim, o grande desafio foi sempre este: como ajudar o outro a ser melhor, para que ele me ajude também a ser melhor. Temos dúvidas de que se o nosso cliente for melhor, nós também o seremos? E o fornecedor? E o funcionário? O nosso sucesso internacional passa totalmente por aqui.

6.1 Um recrutamento

Em tempos ouvi uma história curiosa que me levou a pensar na quantidade de coisas que fazemos no dia-a-dia que, sem darmos conta, marcam a diferença. É algo em que acredito profundamente. Acredito mesmo que, quanto mais interiorizadas estiverem as ideias, e mais elas fizerem parte de nós, melhor as coisas resultam. Ninguém consegue ser simpático apenas porque se esforça, isto porque haverá sempre um momento em que falha e o seu aspecto pouco simpático virá ao de cima. No entanto, a quem é por natureza simpático parece que a simpatia lhe sai naturalmente.

Isto vem a propósito da tal história.

Um responsável dos recursos humanos de uma grande empresa fazia sempre a última entrevista aos candidatos. Contudo, havia nessa entrevista uma prova não só inesperada, como também impercetível e decisiva. A meio da entrevista e como previamente combinado, a secretária entrava a oferecer água e café. Como reagia o entrevistado perante a pessoa em causa? Era simpático, olhava para ela e agradecia, ou tratava-a com desdém e sem respeito pela sua pessoa e pelo seu trabalho? A questão importante é que quem chega a uma última entrevista já foi devidamente filtrado em termos de capacidades técnicas para a função. Importa, isso sim, avaliar a pessoa. É evidente que este teste não diz tudo, mas pode significar muito.

Por assumir na empresa a direção dos recursos humanos, coube-me muitos anos realizar esta entrevista. Sem eu pensar muito naquilo que fazia, era a minha secretária que ia buscar o candidato à receção da empresa e o levava à sala de reuniões. Eu não entrava sem antes falar com ela e saber como «se tinha portado» o candidato. Tratava-se apenas de uma opinião a juntar à minha, mas a qual tinha muito valor. Primeiro, porque acho que decidir com base apenas numa opinião é sempre mau, e depois porque os entrevistados procuram sempre fazer boa figura na entrevista, mas esquecem o antes e o depois. E, nesse momento, a forma mais ou menos atenciosa como as pessoas se comportam e o respeito ou não que demonstram por uma «simples» secretária é extremamente revelador. A qualidade de uma equipa também se faz destas pequenas coisas e começa claramente no momento da admissão em que, além das capacidades técnicas, importa avaliar as capacidades humanas. Tudo isto vai ter claras repercussões no relacionamento entre colegas, com fornecedores, com clientes, enfim, com a generalidade do mercado. A equipa que recrutamos vai definir a empresa que temos.

6.2 A QUESTÃO DA CONFIANÇA

Num momento de grande dificuldade, uma empresa arriscava perder um grande contrato. Toda a negociação tinha sido feita com base em tentar iludir o cliente sem lhe dar a conhecer os valores reais da operação. Como sempre nestas situações, as coisas começam a não bater certo. Aquilo que se disse não bate de todo com aquilo que agora se diz. Começam a surgir as contradições, e o cliente percebe que algo está mal. Sente-se enganado e prefere não assinar o contrato. Tudo está cheio de mal-entendidos, e cada tentativa para repor a verdade esbarra com outras pseudoverdades já negociadas. Chega-se a um beco sem saída.

Um dos administradores chegou de uma viagem à sua empresa no Brasil e apercebe-se da situação. Pedem-lhe que tente reestabelecer a confiança do cliente e que, partindo do zero, lhe apresente as contas reais da operação.

Este administrador partiu imediatamente para o Porto, onde foi recebido pelo então presidente da empresa. Depois de uma meia hora inicial que serviu para estabelecer uma relação mais pessoal, o administrador «inventou» a desculpa de que, devido à sua ausência no Brasil, as pessoas tiveram receio de mostrar os números. Pedindo-lhe que esquecesse tudo aquilo que se tinha passado, expôs-lhe todas as contas da operação, explicou onde estavam os ganhos e em como acreditavam que era possível melhorar a operação. Foram horas de perguntas e respostas. Mas os números não enganaram porque estavam lá todos. No final, o presidente assinou o contrato e agradeceu a intervenção do administrador. Só a verdade salvou aquele contrato e permitiu recuperar a confiança e aquele negócio. Não foi o administrador que salvou o negócio; foi a verdade.

Não foi o único caso em que a negociação avançou devido à verdade. É preciso gerar a confiança para fazer negócios — e se não há verdade, não há confiança. O problema é que quebrar a confiança é muito fácil, e ganhá-la exige muito tempo e persistência.

Mais tarde, quando me dediquei ao negócio da arte, a experiência foi exatamente a mesma. O artista tem sempre mais medo do que pode perder do que ambição em relação ao que acha que pode ganhar. Ele sabe perfeitamente como uma boa reputação se destrói em minutos, mas demora anos a construir. É preciso saber ganhar a confiança e tal só se consegue prestando provas. É um processo moroso, mas fantástico. Há artistas que consegui que trabalhassem comigo ao fim de dez anos de encontros, de conversas e de provas dadas. Orgulho-me hoje dos nomes com quem trabalho e de saber que o sentimento é recíproco.

6.3 Ler os sinais

No dia 25 de julho de 2000, tinha acabado de aterrar em Paris quando o voo do Concorde, que partia de Charles de Gaulle para J. F. Kennedy, foi contra um edifício matando a totalidade das 109 pessoas a bordo. Pouco mais de seis meses haviam passado desde o acidente de Paddington. Nesse dia, recebi dezenas de chamadas de amigos e da família a perguntar onde eu estava.

Um histérico diretor de uma empresa nossa cliente ligou-me a exigir a minha presença em Londres nesse mesmo dia, não entendendo que o espaço aéreo estava simplesmente encerrado. Para ele, a realidade tinha de ser contornada... Na montagem da fábrica perto de Londres, uma grua partiu e deixou cair uma máquina de grande precisão de dez toneladas. Não havia milagre possível, nem eu iria lá fazer nada. Espantou-me a insensatez perante a inevitabilidade.

Nas semanas seguintes, na autoestrada Lisboa-Cascais, adormeci duas vezes ao volante e acordei com o barulho dos *rails*. Em Londres, saí pelo lado errado do carro e fui atirado para dentro por um camião que passou.

Um processo de internacionalização gera desgaste e cansaço. Para mim, foram sinais a mais e que exigiam uma resposta urgente. Decidi que era o momento de terminar a minha experiência internacional.

É muito importante medir o desgaste das organizações, das estruturas e das pessoas. Muitas vezes, abalançados pelo sucesso, e às vezes até pela vontade de inverter um insucesso, esquecemo-nos de olhar para dentro, para nós e para todos os que estão envolvidos neste projeto. A empresa precisa sempre de mais, as conquistas do passado já são história e importa conseguir cada vez mais e mais.

Volto ao início deste livro. Para concretizar qualquer processo de internacionalização é preciso ter um fator de diferenciação, capital e pessoas. Não nos podemos esquecer de que estas necessidades são crescentes. Temos de saber viver, não em défice permanente, mas tendo os meios disponíveis em cada momento que sejam necessários.

CAPÍTULO 7
Conclusão

Qualquer processo de internacionalização é altamente motivador, catalisador de uma grande adrenalina, desafiante, inesgotável nas oportunidades que se abrem, gerador de muita alegria pelas vitórias alcançadas, mas também é motivo de *stress*, de muita desmotivação pelos insucessos e pelos erros cometidos, e pessoalmente desgastante. No final, cada um terá o seu balanço e cada empresa o seu resultado.

Aquilo que um processo destes não é é aleatório, movido unicamente pelo entusiasmo sem fundamento. Também não é o caminho obrigatório para o sucesso de todos aqueles que o queiram percorrer.

Interpretar um processo de internacionalização como mera continuidade daquilo que fazemos no país de origem é um erro com consequências avassaladoras. O caminho é claro. Começa-se por perceber o que leva a empresa a internacionalizar-se e de que meios dispõe para o fazer. Seguidamente, importa fazer uma avaliação dos ganhos e das perdas, pormenorizada e minuciosa. Não há preços nem custos iguais, tal como não há clientes nem funcionários iguais. As leis, a fiscalidade, o poder das instituições, as regras do mercado são sempre diferentes. É todo um mundo novo carregado de diferenças culturais, de especificidades administrativas, geográficas e económicas. Por tudo isto, somos levados e até forçados a adaptarmo-nos. Em primeiro lugar, adaptar a nossa mentalidade e depois tudo aquilo que for necessário para que a nossa entrada seja a mais tranquila e planeada possível.

Toda a preparação é pouca, mas deve ser feita. Nenhuma decisão estratégica pode ser tomada apenas «porque sim». Esta pode e deve ser sustentada numa análise aprofundada do que pretendemos fazer. Não é uma questão de *feeling*, mas tem de ser uma decisão de paixão. Tem de haver emoção perante o desafio e perante o desconhecido. Temos de passar noites sem dormir e dias a sonhar. Mas temos de nos preparar, ser fluentes em línguas e perceber que a riqueza do mundo está nas suas diferenças. Quanto melhor as conseguirmos gerir, mais longe poderemos chegar. E tudo isto é verdade, porque temos um mundo à nossa espera.

BIBLIOGRAFIA

Artigos

Avruch, Kevin. (s.d.). *Cross-cultural conflit*. Institute for Conflict Analysis & Resolution, George Mason University.

Ghemawat, Pankaj & Siegel, Jordan I. (2011). Adding Value [pp. 1-10]. *Cases on Redefining Global Strategy*. Harvard Business Review Press.

— (2011). Differences and the CAGE Distance Framework [pp. 59-69]. *Cases on Redefining Global Strategy*. Harvard Business Review Press.

— (2011). Adaptation Strategies [pp. 199-209]. *Cases on Redefining Global Strategy*. Harvard Business Review Press.

— (2011). Aggregation Strategies [pp. 305-313]. *Cases on Redefining Global Strategy*. Harvard Business Review Press.

— (2011). Arbitrage Strategies [pp. 437-444]. *Cases on Redefining Global Strategy*. Harvard Business Review Press.

Hofstede, Geert. (2011). Dimensionalizing Cultures. The Hofstede Model in Context [12-01-2011]. *Online Readings in Psychology and Culture*. Universities of Maastricht and Tilburg, Países Baixos.

Schreiber, Nick & Rosenberg, Mike. (2015). Answering to multiple bosses: How to make the matrix work. *IESE Insight*, terceiro trimestre de 2015, número 26.

Williams, Sandra L. (2011). *Engaging values in international business practice*. Kelley School of Business, Indiana University.

ÍNDICE